IANSÃ DO BALÉ
Senhora dos Eguns (Oya Igbale)

Sebastião Guilhermino

Iansã do Balé
Senhora dos Eguns

6ª edição
3ª reimpressão

PALLAS

Rio de Janeiro
2015

Copyright© 2004
Sebastião Guilhermino

Produção editorial
Pallas Editora

Composição
Cid Barros

Diagramação
José Geraldo O. Lacerda

Capa
Bruno Cruz

Todos os direitos reservados à Pallas Editora e Distribuidora Ltda. É vetada a reprodução por qualquer meio mecânico, eletrônico, xerográfico etc., sem a permissão por escrito da editora, de parte ou totalidade do material escrito.

CIP-BRASIL. CATALOGAÇÃO-NA-FONTE.
SINDICATO NACIONAL DOS EDITORES DE LIVROS, RJ.

G974i
6ª ed.
3ª reimpr.

Guilhermino, Sebastião.
Iansã do Balé: Senhora dos Eguns / Sebastião Guilhermino –
6ª ed. – Rio de Janeiro: Pallas, 2015.

ISBN 978-85-347-0006-1

1. Iansã. 2. Candomblé – Deuses. I. Título..

89-0172

CDD 299.63
CDD 299.6

Pallas Editora e Distribuidora Ltda.
Rua Frederico de Albuquerque, 56 – Higienópolis
CEP 21050-840 – Rio de Janeiro – RJ
Tel./fax: (021) 2270-0186
www.pallaseditora.com.br
pallas@pallaseditora.com.br

ÍNDICE

	Apresentação	7
	Biografia	8
	Homenagens	9
	Prefácio	13
1.	Nanã-Buruku	17
2.	Oyá Igbalé	21
3.	O que é Egun	27
4.	Ancestralidade	33
5.	Os orixás	37
6.	Ifá	43
7.	Exu no Balé	47
8.	Magia no Candomblé	53
9.	Bori	57
10.	Mitos, Lendas, Estórias	61
11.	Axé	69
12.	O Culto dos Ancestrais	73
13.	Ebó	77
14.	Ervas de Iansã	81
15.	Calendário Litúrgico	85
16.	Ogãs e Atabaques	89
17.	Cada um tem seu Orixá	93
18.	Ilê Ti Yansã	97
19.	Cerimônias Rituais do Candomblé	101
20.	Axexê	105
	Bibliografia	109
	Glossário	111

APRESENTAÇÃO

Estimado leitor.

De há muito era nosso desejo encaminhar à imensa comunidade afro-brasileira um trabalho que viesse a contribuir de forma substancial, elucidativa e clara com a já tão complexa literatura acerca dos nossos cultos. E agora, após pesquisas e estudos constantes, muitos dos quais em ações tópicas, aí estamos chegando.

Sabemos da responsabilidade que recai sobre nós em decorrência dessa nossa "audácia" ao trazer a público uma obra da mais inteira complexidade. Poucos dos nossos ilustres confrades já tiveram acesso a temática de tão marcante expressividade. O que Se sabe sobre Balé, o seu significado, ainda não foi inteiramente analisado. Falaram seguidamente em Eguns, em Iansã e em cerimônias fúnebres do ritual. Especificamente, porém, em relação à temática da presente obra, o assunto até então foi alvo de esquecimento.

Entretanto, ao recebermos o convite da Pallas Editora, aceitamos a difícil tarefa, qual seja a de focalizar os segredos, os mistérios e os enigmas que se aglutinam nos meandros do Balé, destacando a total e indeclinável participação de sua Rainha, o Orixá Iansã.

Iansã do Balé – Senhora dos Eguns surge no mercado editorial com várias finalidades, dentre elas a de dar à dona do ritual o esplendor, a pujança do seu domínio e força sobre os Eguns.

Nesta nossa primeira obra, acrescida de um glossário, e com a proteção dos Orixás, esperamos conseguir dirimir dúvidas existentes de como se pratica um ritual de Balé e suas inúmeras determinâncias.

Ao chegar a você, meu prezado irmão de fé, esperamos que este nosso trabalho seja carinhosamente apreciado, e agradecemos o ensejo de poder figurar em sua biblioteca.

Atenciosamente,
GUILHERME D'OGUM

BIOGRAFIA

Sebastião Guilhermino (GUILHERME D'OGUM), sacerdote do culto da nação Kêtu (Quêto), jornalista, radialista, nasceu em 20 de janeiro do ano de 1938 no Rio de Janeiro, no terreiro da finada Mãe Maria Pirão, quando ali se realizava festividade em louvor ao padroeiro, o Orixá Oxóssi. Na mesma casa-de-santo foi batizado pelo Caboclo Pena Branca.

Mais tarde, mais precisamente com a idade de 20 anos, iniciou o período de mediunidade, atendendo centenas de pessoas de todos os segmentos sociais, que buscavam na aflição soluções para minorar seus sofrimentos.

Em determinada época, porém, viu-se acometido de uma enfermidade, sendo-lhe aconselhado a feitura de um bori. Entregou-se aos conselhos recebidos, e quando deu de si já estava "feito" na lei-do-santo.

Após sua "feitura" transferiu-se para o bairro Gardênia Azul, em Jacarepaguá, também no Rio de Janeiro, alugando uma casa e iniciando assim a construção da sua própria "roça" de santo, conseguindo, mais tarde, tornar-se proprietário do imóvel, graças ao seu Orixá Ogum. E ali permanece até os dias atuais, atendendo e orientando aflitos e necessitados.

Foi o lançador do primeiro programa de candomblé do rádio brasileiro, tendo exercido atividade nas rádios Continental, Metropolitana, Mauá e Capital. No momento, atua ao microfone da rádio Rio de Janeiro. Participou de diversos programas de televisão, colaborou efetivamente no jornal *Gazeta de Notícias*. É o seguidor e promotor dos festivais de cânticos afro-brasileiros. Possui cerca de 1.800 filhos-de-santo, no Brasil e no exterior (Peru, Paraguai e Argentina), alguns com casas abertas.

HOMENAGENS

EM DESTAQUE
À minha venerada Mãe-de-Santo, Ialorixá Jersonita D'Exu, o meu "motumbá", e o mais respeitoso e estreito agradecimento pelo lugar em que me encontro situado na Lei-do-Santo. Que Oxalá a proteja em todas as suas caminhadas.

☆☆☆

EM RELEVO
Ao meu querido e inseparável Irmão-de-Santo, Pai Paulo da Oxum, devotado "Pai Pequeno" do nosso Ilê, o meu reconhecimento eterno pelo denodo, pela fibra, pelo carinho com que lutou para a formação de nossa casa-de-santo, e pela grandiosidade da invulgar dedicação com que segue assistindo, coordenando, dirigindo e executando todos os trabalhos que lhe têm sido destinados. Que sua Mãe Oxum lhe cubra de felicidade, meu irmão.

☆☆☆

EM ESPECIAL
Ao estimado amigo do dia-a-dia, Almir (Ojé) do culto Lesse-Egun, a satisfação incontida em tê-lo como personalidade permanente do nosso Ilê. Meu abraço.

☆☆☆

PERSONALIDADES DO CULTO

Babalorixá Waldomiro D'Xangô; Babalorixá Mundinho da Formiga; Babalorixá Jorge de Iemanjá; Babalorixá Paiva D'Obaluaiê; Babalorixá Tuninho D'Oxóssi; Babalorixá Zezito D'Oxum; Babalorixá José Ribeiro Dlansã; Babalorixá Jair D'Ogum; Babalorixá Daíco D'Oxumarê; Babalorixá Josemar D'Ogum; Babalorixá Waldir D'Oxumarê; Babalorixá Luiz D'Jagum; Babalorixá Adnaldo D'Ogum; Babalorixá Aroedê; Babalorixá Paulinho da Pavuna; Babalorixá Joaquim D'Obaluaiê; Babalorixá Telinho D'Oxum; Ebome Dila; Ebome Regina D'Iemanjá; Ebome Nitinha D'Oxum; Ebome Marina D'Os- sanhe; Ebome Matuquevi; Ebome Camoriloji; Ebome Sinavuru; Ebome Tété D'Iansã; Ebome Palmira D'Iansã; Ebome Edelzuíta D'Oxalá; Ebome Madalena D'Nanã, a todos o meu afetivo preito de amizade.

☆☆☆

PÓSTUMAS

Que no espaço celestial do Pai Oxalá possam continuar nos orientando: Táta-ti-Inkice Olegário Luiz Medeiros (Odé-Aualê); Babalorixá João Torres Alves Filho (Joãozinho da Goméia), baluarte da nação de Angola; Babalorixá Agil Efam; Babalorixá Otávio da Ilha Amarela; Tuti D'Ogum; Babalorixá Cristóvão do Pantanal; Babalorixá João Baptista; Babalorixá, jornalista e escritor Sebastião das Chagas Varella; Ialorixá Vilma D'Ogum; Ialorixá Lindinha D'Iansã; e Ogã Encarnação.

☆☆☆

CONFRADES E AMIGOS

Jornalista Rubem Brandão; jornalista Léo Montenegro; jornalista Carlos Vinhaes; jornalista e compositor Dr. César Lúcio da Cruz; jornalista João Rocha, cantor afro-brasileiro Honório Santos (o Branco-Negro); Euzébio Ferreira da Cunha, Presidente do Conselho Federal das Religiões Espíritas — CONFERE; comunicador Adelzon Alves; comunicador Paulo Lopes;

comunicador Francisco Carioca; comunicador Roberto Figueiredo, comunicador Luciano Alves; comunicador Uiára Araújo; comunicadora Cidinha Campos; apresentadora Lêda Nagle; comunicadora Edna Savaget; comunicadora Dra. Nena Martinez; comunicador José Duba; comunicador Wilson Mussauer, comunicador Samuel Corrêa; Dr. Walter Morais; Dr. Vasco Arantes; Dr. Israel D'Oxalá; Dra. Lita de Miranda; Dr. Jair Leite Pereira; Sr. Eduardo – Presidente da AESRJ; e Sr. Irênio Vale dos Santos, os meus melhores agradecimentos.

PREFÁCIO

Meu preclaro leitor.

Se houvesse sido procedida uma escolha por ordem de méritos, certamente, a não ser pela especial deferência do valor amizade, o nosso nome aqui não estaria compondo o magnífico contexto desta obra, com a difícil incumbência de prefaciá-la.

No entanto, e ao exórdio desta nossa prefaciação, e voltados para a escolha da indicação de nosso nome, creia, recebêmo-la cônscios do misterioso que a esperar nos estaria, mesmo sintetizando, os conhecimentos lítero-ritualísticos do seu prestigiado autor, o Babalorixá GUILHERME D'OGUM, em que pese ser através deste trabalho a sua aparição junto aos meios literários dos cultos afro-brasileiros, o que já asseguramos rotulada de pleno êxito.

Sabíamos, ao manuseio de seus originais, que, ao estudá-los, esbarraríamos em argumentações das mais importantes e versadas sobre a complexa matéria título da obra. Aliás, frise-se, episódio que até os dias atuais nenhum dos escritores do mesmo ramo ousou apresentar em edições públicas. O que daí cabe-nos o direito a uma indagação inteiramente procedente: e por quê?...

Jamais apoiaríamos a colocação da reticência caso não tivéssemos uma resposta plausível para a interrogativa. Esta oriunda-se da ausência de acuidade nas pesquisas, condição altamente facilitadora e capaz de oferecer ao leitor o meio de assimilação entendível.

Neste primeiro trabalho de Guilherme D'Ogum, e em todos os seus capítulos, o discorrer do autor em toda a essência e substância apresenta-se envolto de constância. E o que é mais importante, despreocupa-se ele em inserir as costumeiras citações – fugindo dos volumes de renomados autores – preferindo fazer, em sua modéstia, prevalecer a dimensão de seus conhecimentos, fruto de uma permanente aprimoração cultualística.

Em *Iansã do Balé – Senhora dos Eguns*, ao me prender ao exame de seus originais, senti a facilidade de manejamento de seu autor sobre a matéria enfocada.

Prender-se-á muito mais o estimado leitor, ao momento em que o escriba estreante embrenha-se pelos profundos segredos e mistérios da cultuação de uma Iansã de Balé. Aos aficcionados, praticantes e professantes dos cultos, o êxtase aparecerá inteiro através da leitura, porque as causas, os efeitos, as razões intrínsecas que regulam a matéria, aqui, encontram-se claras e assimiláveis.

Juntamente com a assinatura do Babalorixá Guilherme D'Ogum, aliado ao prestígio e renome de Pallas Editora, eis que chega à sua biblioteca, com a finalidade de promover o equilíbrio e de dirimir dúvidas, esta obra da mais alta qualidade: *Iansã do Balé — Senhora dos Eguns!*
Parabéns, leitores.
Reconhecidamente grato a Pallas e Guilherme D'Ogum.

Atenciosamente,
RUBEM BRANDÃO
Jornalista

Às minhas queridas filhas
Karla, Renata e Bianca.
Deus me deu a sublime ventura, em Dele haver recebido o privilégio divino em ser o pai de vocês.

Pelo reconfortante prêmio recebido, eu me confesso orgulhoso e realizado nesta minha transitória passagem pelo plano terreno.

Só endereço ao Pai minha súplica de desejo ardente:

Que sejam vocês, em principal condição, filhas e irmãs amorosas e devotadas ao seio da família e aos semelhantes.

Que jamais alimentem a gama da ambição, do ódio e do desrespeito ao próximo. Assim sendo, serei feliz.

Guardem este pensamento e transmitam-no a todos:

Onde há fé, há paz; onde há paz, há amor; onde há amor, há Deus; e onde há Deus, nada faltará!

SEU PAI

Meus diletos filhos-de-santo:
A condição de tê-los como "filhos" na lei-do-santo, já constitui, para mim, uma satisfação das mais gratificantes.

Desejo inicialmente que todos trilhem o caminho da bonança, da certeza e convicção em seus Orixás, auxiliando aos que buscarem ajuda, palavras de conforto, de carinho, de proteção; caso possam, apontem a solução dos problemas mostrados.

Nunca se esqueçam que estão vinculados a uma lei, cuja resultante reside no "é dando que recebemos", seja qual for a forma do pagamento final.

Se prestares em vida noventa e nove favores e não conseguires prestar o centésimo exigido, não recrimines o seu pedinte, pois ele estará apenas espelhando a natureza ao contrário. Lembra-te sempre que é só "dando que recebemos". Cuidem-se e tenham a máxima confiança em seus Orixás.

SEU PAI

1
NANÃ - BURUKU

Talvez seja Nanã-Buruku, em toda a extensão dos estudos, a personalidade (Orixá) dos cultos afro-brasileiros mais controvertida dentro do panteão africano.

Afirmam-na de temperamento vingativo e perigoso, inconstante nas suas atitudes e, por vezes, sem a assistência de seus poderes maiores, o que se nos apresenta como uma forma inteiramente errônea de concepção, dando-o, ainda, de difícil definição. Frise-se ser essa diferença bastante conhecida através da variação de conceitos já emitidos, partidos de escritores, babalorixás e fiéis do candomblé.

Sendo Nanã um Orixá feminino e de origem daomeana, ali incorporado há séculos através da mitologia Iorubá, época em que o povo nagô conquistou a atual República do Benin, fazendo, dali por diante, uma assimilação à sua cultura e promovendo a incorporação de outros Orixás à sua mitologia, já estabelecida.

Ao resumir tal processo cultural, Oxalá (mito nagô) permanece sendo cultuado como o pai de quase totalidade dos Orixás, surgindo Iemanjá (mito também nagô) como a mãe de seus filhos nagô, e Nanã, da nação jêje, assume a maternidade dos filhos daomeanos, sem se questionar a paternidade de Oxalá.

Dentro do contexto, é a primeira esposa de Oxalá. E em conseqüência a mãe de três filhos: Iroko (Tempo), Omulu (ou Obaluaiê) e Oxumarê.

Na síntese mitológica iorubana Nanã é considerada a mais velha das deusas da água, predominando com associações diretas com a morte e com a posição reservada aos bem mais idosos.

O símbolo de Nanã constitui-se do Ibiri, confeccionado de palitos do dendezeiro, igualmente semelhante ao símbolo de Obaluaiê, o Xaxará. O Ibiri conduzido por filhos de Nanã quando incorporados não é brandido como um instrumento de guerra, e sim mimado como se fosse uma criança.

Sendo Nanã a deusa do reino da morte, na terra dos homens esses filhos são as almas dos mortos, os Eguns.

Nanã é considerada em toda a comunidade do candomblé como sendo de personalidade austera, justiceira e incapaz de brincadeiras e de explosão emocional. Sua presença como espelho fidedigno das lendas é obrigatória na qualidade de testemunha, já que jurar por Nanã é compromisso dos mais sérios e inquebrantáveis.

Suas cores associam-se às de Omulu-Obaluaié, com os quais mantém similitudes e paralelos, sendo, entretanto, suas relações bastante prejudicadas.

Além de sua extrema associação com a terra, Nanã, a "avó de todos os orixás", é considerada como a dona do habitat da lama, do lodo, dos terrenos pantanosos, das profundezas dos rios e dos mares E na tonalidade de suas cores (o branco e o preto), ela simboliza a morte, a nova vida e o renascimento.

Entretanto, na umbanda e no candomblé, talvez por influência do sincretismo católico e da mitologia cristã, Nanã apresenta-se influenciada pela cor roxa.

2
OYÁ - IGBALÉ

Não tendo a facilidade de conceber filhos, Iansã (Oyá) determinou- se e procurou recursos ao consultar um babalaô. Fora-lhe então por ele revelado que, para a obtenção do desejo de Oyá, se fizesse sacrifícios conseguiria concebê-los. Afirmou ainda que uma das principais causas residia no desrespeito de Iansã ao seu regime alimentar (evó), onde era inteiramente proibido o uso da carne de carneiro. E como pagamento, uma espécie de tributo, o sacrifício seria de 18 mil búzios, a própria carne do animal proibido e uma quantidade de panos multicoloridos.

Atenciosamente, o babalaô deu-se ao preparo de um remédio utilizando-se da carne de carneiro, para que ela o comesse, observando a total abstinência daquela iguaria. Os panos deveriam ser destinados como oferenda.

Seguindo as determinações recebidas, Oyá assim o fez. Para sua glória, deu à luz nove filhos, o que, na numerologia, tornou-se o algarismo místico de Iansã. Tomando-se mãe, passou a ser tratada e conhecida pelo nome de *IYÁ OMO MÉSAN*, o que significa "a mãe de nove filhos"; aglutinando-se, encontraremos Iansan.

Em relação a Igbalé,em determinada época as mulheres eram relegadas a um plano inferior em relação aos homens. Reunidas sob a liderança de Oyá, resolveram punir seus maridos sem contudo observar um mínimo de critério, humilhando-os de todas as maneiras.

Para isso, com astúcia e cuidado Iansã domou e adestrou um macaco chamado Ijimerê. E o fez utilizando-se de um galho de atori (ixa), vestindo-o com roupa feita com várias tiras de pano coloridas, não permitindo que o animal fosse distinguido por ninguém. Ao modo em que Oyá brandia o Ixã no solo, o animal volteava-se saltitante, movimentava-se como no treinamento recebido.

E durante as noites, as mulheres já recolhidas e escondidas, na passagem dos homens elas faziam o macaco surgir-lhes à frente; apavorados, eles fugiam.

Procurando um babalaô a fim de fugir a tantas humilhações, os homens descobriram o que estava acontecendo. Ali, na casa do adivinho e através do Ifá, o babalaô lhes revelou a verdade, ensinando como vencer as mulheres através de sacrifícios e astúcia.

Tal missão de livramento coube a Ogum, que ocupou o posto antes que as mulheres chegassem ao local das reveladas aparições. Como já era de seu conhecimento, vestiu-se, igualmente, com vários panos, encobrindo-se e escondendo-se. De súbito, à chegada das mulheres, ele apareceu em correria, aos gritos e aos berros brandindo sua espada pelos ares. Em desespero e espavoridas elas bateram em debandada, inclusive Oyá. Foi a partir daí que os homens passaram a exercer total predomínio sobre as mulheres, expulsando-as para sempre do culto de Egun; hoje, são eles os únicos a invocá-los e cultuá-los. Entretanto, rendem uma homenagem de respeito a Oyá – na sua qualidade de Igbalé – como a criadora do culto dos Eguns. Por isso, Oyá é cultuada, reverenciada e admitida dentro dos cultos afro-brasileiros como sendo a Mãe e Rainha dos Eguns, chamada de Igbalé. É lógico admitir-se a inteira ligação de Oyá (floresta) com o macaco, observando-se a rerelação da voz do animal ao modo do Egun falar.

Acentuamos que o conjunto homem-mulher transmite vida a Egun, que representa a ancestralidade. Entretanto, seu culto é restrito aos homens, sendo que os mesmos prestam homenagem às mulheres, que através dos abusos de Odu viram-se castigadas por Olodumarê.

Oyá-Igbalé é um Orixá do branco (suas vestes são brancas). É a rainha e senhora dos Eguns, e o Orixá mais respeitado dentro do culto Lesse-Egun.

As filhas desta Yaba carregam o mundo na cabeça, pois o Igbalé representa o mundo. Esta Yaba confunde-se com Nanãe Omolu Jagum. Encontra-se esse Orixá no Odu Orimon-Ofú. As filhas dessa Yaba não podem ser raspadas, pois poderão se prejudicar terrivelmente; suas cabeças não aceitam, pois são elas que fazem o próprio Ebó. Ao serem raspadas, poderá ocorrer morte de pessoas na família material ou de santo. Suas filhas têm o Ori em quatro partes e são as donas da própria cabeça.

Oyá-Igbalé também é do culto das Yaomiagé (culto das feiticeiras). É a dona, senhora absoluta do Opa Koko; é senhora das nove tiras de pano, que representam seus filhos (Eguns) e os nove espaços do Orun. Ya Mesan Orun não aceita mão de mulheres, pois trata-se de quizila.

Ela mora no Igbalé e é a senhora dos lugares altos; dentro do Igbalé ela é Oyá Padá (Oyá Alapadá). Em suas vestimentas, porta os Mariwós e as tiras de pano; carrega os ixãs e o eruexim ou iruexim de rabo de cavalo e carrega um alfanje de cobre.

Conta-se que certa vez os Ojés, que se achavam os todo-poderosos sobre os Eguns, fazia-os aparecer e desaparecer como e quando queriam, e obrigavam-nos a satisfazer todos os seus desejos sem antes pedir consentimento a Oyá. Sabendo disto, Oyá ou Oia achou por bem pregar uma peça nos Ojés. Vestiu-se toda com as roupas de Egun e saiu pelas florestas. Vendo aquilo os Ojés pegaram os ixãs e saíram em sua perseguição, pois estavam certos que algum Egun estivesse solto; gritavam e batiam com os ixãs, este porém não não obedecia. De repente Oyá viu um buraco na terra e ali entrou. Os Ojés disseram: "ele entrou por aqui, e há de sair por aqui". Ali ficaram até anoitecer e quando, ao longe, ouviram o ilá de Oyá perceberam no alto da montanha que ela tirava as roupas de Egun. E desde aquele dia em diante só com o consentimento de Oyá pode-se fazer qualquer coisa para Egun. De outra feita, o carneiro andava falando a todos da aldeia que Oyá era esposa infiel a Xangô. E por onde Oyá passava era apontada por todos, que cochichavam e riam dela. E ela a tudo suportava.

Sempre que possível subia a colina e ia reclamar com Orixalá. Este a ouvia e lhe dava conselhos, mandando que ela bebesse água para se acalmar. Oyá se conformava e descia a colina. E depois tudo se repetia: voltava à casa de Oxalá, reclamava com ele e prometia vingança, novamente Orixalá aconselhava, dava-lhe água e ela descia a colina.

Várias vezes Oyá fez o que Orixalá mandou.

Certa vez, ao descer a colina, ela não mais suportou, e ao ouvir cochichos e risadas, olhou para a aldeia e soprou seus ventos, destruindo assim as casas, arrancando os pés de árvores, arruinando a aldeia e suas colheitas. O carneiro foi a Xangô e contou sua versão, aumentando toda a história. Xangô ficou furioso e risco no céu seus relâmpagos e soou sua voz em tremendos trovões.

Oyá se enfureceu ainda mais: se Xangô queria guerra, ele teria guerra, pois que ele não lhe dava ouvidos, só ao carneiro.

Eis que passava uma carroça puxada por um cavalo carregando palhas.

Oyá ali se escondeu, e ao passar pelas terras de Omolu saiu coberta de palhas e todos lhe deram passagem, pensando que fosse Omolu. E na terra de Omolu Oyá invocou os espíritos dos mortos de cada corpo que ali estava e lhes ordenou que fossem atrás de Xangô.

Vendo o exército de Oyá, Xangô fugiu temeroso. E até hoje Xangô não quer contas com Egun. E todo o povo das aldeias caiu de joelhos e pediu e clamou pela misericórdia de Oyá. Oyá os perdoou após incessantes rogos e após receber várias oferendas.

3
O QUE É EGUN

Foram os escravos importados para o Brasil, ou melhor esclarecendo, chegados à Bahia, os responsáveis diretos pela introdução dos cultos de origem africana em nosso solo.

Aqui chegaram eles — os Iorubanos — trazendo em suas bagagens variados grupamentos tribais, tais como Ifé, Ifan, Oyó, Ijexá e Kêto, todos investidos de radical tradição religiosa.

Chegaram, principalmente, para nos enriquecer, dotando-nos com o respeito às suas práticas ritualísticas, quando, veladamente, reverenciavam seus Orixás (deuses).

Apegados que sempre foram, por consciência própria, na reencarnação, já que acreditavam e acreditam no renascimento da pessoa morta, retomando ao seio da mesma família. Melhor exemplificando: o então Egun ascende em um de seus descendentes, em qualquer dos sexos.

Existe uma particularidade com relação aos mortos do sexo feminino, denominados Iami-Agbá (Mãe Anciã), os quais individualmente não merecem cultuação. Na qualidade de ancestral, sua energia aglutina-se de forma coletiva e é representada por Iami Ororongá, também conhecida como Iá Nla, ou seja, a Grande Mãe.

Tão somente as Sociedades Geledê congregam é representam o poder desta ancestralidade feminina. É uma sociedade composta e cultuada exclusivamente por mulheres, que detêm e manipulam este perigoso poder.

Para se espelhar o temor e o respeito à ira de Iami junto às comunidades é que, na Nigéria, durante os festivais em louvor ao poder feminino ancestral, os homens vestem-se de mulher e portam máscaras com características femininas. Ali dançam para amenizar a cólera, a fim de manter a harmonia entre os poderes masculino e feminino.

Uma outra sociedade existe também na Nigéria, destinada à cultuação dos Eguns: é a Sociedade de Oró, cujo nome designativo é dado ao culto coletivo dos mortos masculinos, ainda sem individualização. Oró é uma divindade análoga a Iami, somente diferenciada na sua cultuação, já que é considerada a representante geral dos antepassados masculinos e somente por estes reverenciada. Ambas, no entanto, destinam-se exclusivamente às manifestações de cultos aos mortos. São formas invisíveis e representantes de uma coletividade. O poder de Iami supera o de Oró, sendo, inclusive, mais controlado.

As Sociedades Egungun, aliás, a mais importante, é uma outra forma de culto aos ancestrais masculinos. Celebram em suas práticas rituais destinados a personalidades destacadas em suas sociedades ou comunidades, quando vivas, com a finalidade de continuarem presentes ao lado de seus descendentes e de maneira privilegiada, conservando, na morte, sua individualidade. De uma forma extremamente camuflada, os mortos surgem de percepção visível, o que representa uma autêntica resposta religiosa *post-morten*, que se denomina Egun ou Egungun. Isto é uma peculiaridade aos mortos do sexo masculino. Somente eles podem proporcionar tais aparições, já que são dotados da individualidade exigida. Tal privilégio é negado às mulheres, bem como o de participarem diretamente do culto.

São os Eguns cultuados de forma e maneira específicas por suas sociedades, com locais, templos e sacerdotes diferentes ao culto dos Orixás. Muito embora existam as diferenciações mostradas, na prática o conjunto reúne um só todo: a religião Iorubana.

Do que somos conhecedores e sobre o que podemos afirmar é que existem no Brasil duas dessas Sociedades de Egungun, cujas raízes remontam ao tempo da escravatura. São elas: Ilê Agboulá, em Ponta de Areia, a mais antiga; seguindo a mesma ramificação da primeira encontramos o Ilê Oyá, todas sediadas em Itaparica, na Bahia.

Egun significa a morte de retorno à Terra em forma espiritual e perceptível aos olhos dos viventes, "nascendo" em seu culto, na ministração dos Ojé (sacerdotes), que utilizam-se do instrumento de invocação (Ixã) acompanhado e seguido de palavras e gestos ritualísticos. Mostram que o Egungun ancestral, ali, retomou à "vida".

No culto aos Eguns, sua aparição é inteiramente velada e envolta de mistério, o que o diferencia do culto aos Orixás, quando o transe durante as cerimônias públicas acontece na presença de fiéis e iniciados.

Já o Egun-gum, ao surgir no recinto, procura, simplesmente, causar impacto visual, utilizando-se da surpresa como arma ritualística. Sua maneira corporal humana de apresentação é recoberta por trajes de tiras em diversas cores que pendem da parte superior da cabeça, em uma argamassa de panos, dali não se podendo perceber o menor vestígio de quem está aos nossos olhos. Sua maneira de falar, na emissão gutural, rouca, inumana e às vezes aguda, até mesmo estrondoante, é o que os Ojé identificam como Séègi ou Sé, bem parecida com o som vocal do macaco-marrom Ijimerê, da Nigéria.

Inúmeras tradições religiosas são unânimes ao afirmar que é através da roupa que se acumula a energia do ancestral. Outras, no entanto, são apologistas e conceberam residir sob os panos a presença de algum Mariwo (iniciado no culto de Egun), estando sob transe mediúnico. Existe, porém, uma contradição na lei-do-culto, afirmando que os Mariwo jamais podem cair em transe. No entanto, existe um fato a demonstrar: queiram ou não, a presença de Egun entre os vivos é predominante e permanente, tanto pelo aspecto energético quanto mediúnico.

A roupa do Egun, sacra ou sacrossanta, traz em si nada menos que três denominações diferentes: Eku (na Nigéria), Opá (na Bahia) e Egungun propriamente dita, e no dogmatismo jamais pode ser tocada pelo ser humano.

É indispensável aos Mariwo o uso do Ixã, sem o qual não poderão controlar a "morte" representada pelos Eguns. Há o perigo do contato pessoal do assistente com o Egun. Segundo falares das comunidades, o contactante poderá tornar-se um "assombrado", vítima de perigo permanente. Caso isso aconteça, períodos de purificação deverão ser ministrados com a finalidade de afastar os aparecimentos de doença, ou até da morte. Sendo o Egun a própria materialização da morte sob as tiras de pano, o mais simples contato ou esbarrão é altamente prejudicial. Até mesmo os Ojé-Atokun, qualificados sacerdotes, guias, invocadores e zeladores de Eguns, desempenham todas essas missões sem substituírem as mãos pelo ixã.

Em uma construção sacra separada do grande salão, denominada de Ilê-awo (casa de segredo), na Bahia, os Eguns são invocados, o mesmo acontecendo na Nigéria, onde o nome dado é Igbo-igbalé (bosque da floresta). No Ilê-awo, dividido em uma ante-sala, somente têm acesso os Ojé e o Lèsaànyin ou Balé. Ali é o local onde residem os idi-egungun (assentamentos). E o espaço sagrado e o mundo do Egun para os instantes de encontro com seus descendentes.

É ali no Balé, através dos Ojê-atokun, e pela invocação do Egun escolhido, que nascem o poder e o Axé de Egun, com base no ojê-ixã/idi-ojubô. Com sua roupa preenchida o Egun torna-se perceptível aos olhos dos assistentes.

Num clima realmente perfeito e harmonizado e ao som dos amuxã, com os ixã branindo pelo chão e aos gritos de saudação e de repiques dos tambores dos alabês, os Eguns são conduzidos até a porta secundária do salão, indo ao encontro dos fiéis, num impacto de espanto e admiração. Sendo um culto totalmente restrito aos homens, as mulheres não têm acesso a esse espaço, não podendo sequer tocar nas cadeiras. Entretanto, raríssimas e privilegiadas existem, como se fossem a própria Oyá.

Egun é da maior importância e respeito, já que se constitui no mais "vivo" dos ancestrais, quando devidamente cultuado.

4
ANCESTRALIDADE

A presença e a influência da cultura africana, cada vez mais nítida e consistentemente, pontifica em nosso país.

E o fenômeno deve-se à chegada, já em finais do século XVI, de um considerável contingente demográfico, ainda que pesassem fatores inteiramente desfavoráveis à sua implantação.

Trouxeram eles — os africanos —, em seu bojo, não apenas sua cultura de origem, que aqui recriadas ajudaram a preservar uma tradição de sólida garantia. À sua chegada veio até nós um conjunto organizado de idéias, modos e costumes de vida e de conhecimentos ainda desconhecidos pela cultura "oficial" brasileira.

O nosso Brasil viu-se presenteado com as elites do povo africano, suas lideranças, literatura, arte, filosofia, seus heróis e sua religião, sem deixarmos de mencionar sua história.

À sua chegada ao Brasil, decorrente da escravidão, as culturas negras assumiram um aspecto de peculiaridade, isto em diversificados graus, tendo deixado raízes profundas de demarcações em quase todo o território brasileiro, conseqüentemente, na extensão da alma de seu povo.

Essencialmente na Bahia, tal perseverança e presença encontram-se dinamizadas e preservadas por diferentes núcleos, ou melhor, pelas chamadas instituições denominadas "terreiros".

Inúmeras conclusões errôneas têm sido trazidas à luz sobre o fato. No entanto, essencial se torna e fazemos questão de esclarecer, tal acontecimento originou-se tão somente da cultura dos Nagô, aqui aportados da África Ocidental ao final do século XVIII, aliás uma das derradeiras culturas escravizadas no Brasil.

Da República do Benin, ex-Daomé, vieram para a Bahia inúmeros segmentos nagô, tais como Sabé, Egbá, Egbado e Kêtu, todos oriundos daquela mesma República, que compreende ainda parte da República do Togo e o sudoeste da Nigéria.

Dentre todos esses segmentos, o de Kêtu, com relevante destaque, contribui de forma específica para a implantação naquele estado da cultura afro, reorganizando suas instituições ao molde de um novo meio, conservando suas fidelidades de padrões básicos de origem, nunca deixando de respeitar a África do século XIX, até o acontecimento da abolição. Uma das mais fortes tradições e instituições dos Nagô que permanecem na Bahia é a "Tradição dos Orixás".

É sempre bom lembrarmos que, à época do século XIX, predominava uma única religião no Brasil, a católica, embora muito reservadamente as casas de cultos africanos e dedicadas aos orixás já fossem bem conhecidas. Era uma época em que os cultos dos africanos eram reprimidos por ações policiais.

Tentaram, principalmente com as repressões, roubai' aos africanos o direito de evocação à sua fé religiosa. Apesar de tudo, resistiram e conservaram-na em sua cultuação, episódio que lhes deu uma imensa legião de fiéis, ao contrário do que combatiam as autoridades. Isso resultou na influência e impregnação das atividades nagô-brasileiras, refletindo, também, em sua vida profana.

A transmissão das raízes de sua cultura nasceu da preservação de suas comunidades — os "terreiros". Assim, recriando e aproveitando o espaço da África e sua herança cultural é que o africano conseguiu transmitir de geração a geração o profundo sentido de todas as suas raízes.

Além dos Orixás — forças vivas da natureza —, emanados de Olorum, também os Nagô cultuam seus descendentes e antepassados, ou melhor, os Eguns, indivíduos que, convertidos em ancestrais, em "pais", são por eles qualificados de Babá-Egun. Entretanto, na prática, tal cultuação jamais poderá ser equiparada à dos Orixás, uma vez que ambas possuem preceitos diferenciados.

No Ilê Ibô Aku (casa de cultuação aos mortos) são invocados os ilustres antepassados. Essa casa situa-se em espaço separado à dos Orixás.

5
OS ORIXÁS

São divindades do Panteon teogônico africano, ainda que possa ter outros nomes, como por exemplo Vodum, Inkice, segundo o dialeto, porém sempre com o mesmo sentido, ou seja, divindades cósmicas apresentadas na cerimônia ritual com forma antropomórfica.

Para a autora do *Dicionário de cultos afro-brasileiros*, Olga Cacciatore são divindades intermediárias, excetuando-se Olorun, o Orixá Supremo, o Oba, Olo-Senhor do espaço metafísico.

"Existindo na África" — continua a autora em questão — "cerca de seiscentos Orixás, vieram para o Brasil mais ou menos cinqüenta, que estão hoje reduzidos a dezesseis, cultuados nos Candomblés".

Já para o autor Josenilo Antonio dos Santos, "todos Orixás provêm de Olorun", enquanto para o autor de *Jogo de Búzios* é a seguinte a origem dos Orixás: "Do consórcio de Obatalá (o céu) e Oduduwa (a terra) nasceram Aganju, Iemanjá, Orugã; de Iemanjá nasceram: Dadá, divindade dos metais; Xangô, do trovão; Ogum, Oba do ferro, patrono da agricultura; Olokun, divindade das águas, e o Oba, Senhor; Oloxá, divindade dos lagos; Ojá, divindade do rio Niger, na África; Oxum, divindade dos rios; Obá, divindade do rio Obá (veja sua estória em nosso capítulo Mitos, Lendas e Estórias); Okó, divindade da agricultura; Oxosse, divindade da caça; Okê, o Senhor das montanhas; Ajé-Xaluga, Deus da felicidade; Xapanan, Omolu, Deus da varíola; Orum, divindade que se identifica com o Sol; Oxu, com a Lua; de Nanã-Buruku nascem Obaluaiê e Exu.

Segundo Roger Bastide, em *Candomblé na Bahia*, "na África, os Orixás são deuses dos clãs, considerados antepassados que outrora viveram na terra," pelo menos este é o caso de Xangô, rei de Oyó, Ogum, Oxosse etc.

E continua: "Os Orixás conservam, assim, seus mitos de antepassados divinizados." Eis aqui o quadro que nos apresenta o autor em questão, à p. 161:

Orixá	Cores	Metais	Animais	Aspectos da natureza	Aspectos da sociedade
Oxalá	branco	alumínio	cabras brancas; pombos	abóboda	–
Exu	vermelho e preto	bronze	bode... galo;	aberturas ruas; encruzilhadas	–
Ogum	azul	ferro	carne, galinha d'angola	–	guerra, metalurgia
Omulu	preto e branco		bode, galo, porco	a terra, sol, as doenças epidêmicas	"médico dos pobres"
Xangô	vermelho e branco; apenas vermelho	cobre	galo carneiro, caranguejo	raio, fogo	justiça
Iansã	idem	idem	cabras e galinhas	vento, tempestade	–
Oxosse	verde e amarelo	bronze	carneiro, galo	a lua em especial na forma de Ode	caça
Iemanjá	rosa, azul claro	prata	pombas, ovelhas	o mar	a pesca
Oxum	cor de ouro	latão	cabra, galinha	água doce	o amor
Oxumarê	as sete cores do arco-íris	–	galo, bode	arco-íris	–

E prossegue o autor em questão: "Todo santo (Orixá) está ligado a determinada cor, a certos metais, a certos animais e certos fenômenos meteorológicos e também, como vimos, a certos acontecimentos e a certas plantas, e ainda a certo espaço cósmico, tal como o mar, e a floresta, e a determinado tempo (este ou aquele dia da semana)." É claro que não conhecemos todas as ligações.

Se a cor de Xangô é a mistura de vermelho e branco é porque de direito o vermelho lhe pertence, como senhor do fogo; mas desde que carregou nos braços seu velho Pai Oxalá quando este, com os membros alquebrados, saía da prisão, em lembrança ao gesto de afeição filial mistura ao vermelho o branco, que é a cor de Oxalá (entrelaça contas vermelhas com brancas).

De conformidade com a teogonia afro (teogonia: estudo dos deuses), ainda que certos autores afirmem que o africano é monoteísta, partindo do princípio de haver uma divindade suprema, seja Olorun, seja Zambi Apongue, não se nega porém a existência de uma complexidade face ao conceito teológico, pois nem Olorun nem Zambi Apongue se apresentam como causas únicas no panteon divino afro-negro, ocorrendo apenas uma hierarquia segundo o conceito doutrinário da religiosidade do africano.

Em nosso entender o sincretismo de Oxalá com Jesus é perfeito, tendo em vista que Oxalá, que vem de Orixalá, que por sua vez vem de Obatalá, é considerado o filho de Olorun; quanto aos espaços que mencionamos acima é evidente no quadro que reproduzimos, elaborado por Roger Bastide. É bem verdade que ali não encontramos Olodumarê, o Senhor Supremo de nossos destinos, como também não vimos Oduduwa.

O culto dos Orixás e os cuidados com o Abaça, o Ilê Ache, estão entregues às filhas-de-santo, em nagô ou mesmo no candomblé de caboclo (Angola); muzenzas, também em Angola; voduncis, no jêje; ; por que a força da comunicação vinha mudando certas regras na estrutura sacerdotal.

Não é a filha ou filho quem escolhe o Orixá, mas este escolhe o seu filho ou filha, donde o fenômeno bolar com o santo, manifestação do Orixá ou seu enviado (um Egun), obrigando o chefe do Abaça a proceder ao jogo de búzios a fim de confirmar o que se passa; se se trata de Santo e se o mesmo deseja Ser "feito" no barracão onde está se apresentando.

Como lemos no início, apenas uns dezesseis Orixás se tornam conhecidos em todos os barracões, mas nem todos incorporam, estando nesse caso Oduduwa.

Há também dúvidas quanto a Exu, que querem alguns que seja ele um intermediário entre as criaturas (os humanos) e os Orixás, como escreveu Juana Elbein dos Santos: "Cada Oxirá tem seu Exu, e no terreiro cada Orixá é seguido por seu Exu." Vamos admitir a condição de Orixá para Exu, ainda que de natureza diversa dos demais. No conceito cósmico, provavelmente deve ser um Orixá, visto que predetermina um espaço ou natureza cósmica: Exu é o fogo, enquanto Xangô domina o fogo; Exu é vibração, é o movimento da própria vida, donde a afirmativa "sem Exu não há vida", pois ele a transmite na condição do Exu fálico e não o anímico.

Há certa variedade na grafia, ainda que a natureza seja sempre a mesma. Assim temos: Obaluaiê, Senhor do mundo ou espaço físico; Omolu, Senhor da vida, porque a divindade da varíola, o mesmo ocorrendo com Xapanã ou Xapatá (ora variação de dialeto, ora interpretação de natureza popular); ocorre também com Iemanjá, pois temos a Soba e Ogunté; o mesmo ocorre com Ogum, quando é ora Ogum, ora Xoroquê, isto é, metade Ogum metade Exu.

No estudo dos Orixás, devemos levar em consideração a natureza cósmica de cada um e o conceito metafísico que lhes dão os africanos.

Assim, quando se diz que Xangô tem três mulheres precisamos compreender e refletir quem são as três mulheres: Obá, Oxum, Oyá ou Iansã, o que significa a presença concomitante do raio, do trovão, do relâmpago e do rio.

No capítulo em que estudaremos as ervas, veremos que, como escreve Roger Bastide,". . . o papel do Orixá é, pois, estabelecer uma classificação das plantas no caos da natureza selvagem. . .". E mais adiante, reforçando o que acabamos de ler: ". . . As ervas estão ligadas a esta ou àquela divindade. . ."(p. 156).

Vamos examinar esta relação Ervas-Orixá com o professor Ornato José da Silva. Referindo-se em primeiro lugar a Exu, diz-nos ele: "Em geral todas as plantas que contêm espinhos, que ardem, queimam, formigam ou provocam coceiras no corpo humano são pertencentes a Elegbara (o mesmo que Exu)." Segue uma lista com as ervas indicadas para Exu, assim como para os demais Orixás.

Vimos anteriormente que na África a Teogonia comportava cerca de seiscentos Orixás; vieram com os negros escravizados, violentados, aproximadamente uns cinqüenta dos quais restam hoje dezesseis. E por que isto acontece?

Vejamos o que nos diz o professor Kabengele Munanga: ". . . O espírito religioso do negro, baseado no tempo cíclico e mítico seria incompatível com o desenvolvimento e o progresso baseado no tempo linear. . ." E prossegue, com uma afirmativa fatalista: ". . . Ou o negro abandona seus mitos, seus deuses voltados ao passado para adotar um pensamento compatível com a racionalidade instrumental. . ." Cremos ser esta uma das principais razões que levam a profundas modificações na ritualística e na liturgia dos cultos religiosos afro-brasileiros, em especial o candomblé.

Caberá à umbanda a preservação dos valores ancestrais, absorvendo práticas ocidentais modernas; o mesmo se observa na África, "onde se criam novas religiões com base nas antigas mitologias" (cf. *Quadro atual das religiões africanas e perspectivas de mudanças*, do professor Kabengele Munanga).

6
IFÁ

É necessário uma continuada vivência dentro dos cultos religiosos afro-brasileiros para entendermos, no caso, o candomblé como uma das manifestações religiosas africanas que além de resistir a todos os tipos de pressões impostas ao longo dos anos enfrenta discriminações por parte de uma sociedade e governo de tendências elitistas, além da presença de indivíduos de pouca credibilidade social, supostos pais ou mães-de-santo de comportamento duvidosos.

Para alguns estudiosos o candomblé se apresenta, estruturalmente, a partir de 1830, embora desde sua chegada ao Brasil o negro já praticasse suas religiões, como se pode constatar em *O negro na literatura*, no qual o autor afirma que muitos quilombos não eram apenas um reduto de negros fugitivos, mas de práticas religiosas, fosse dançando o canzá ou o calundu; aí praticavam também suas feitiçarias. Por isso vamos encontrar interpretações divergentes entre pais e mães-de-santo, escritores e pesquisadores, estando neste caso o Ifá, que para conhecido pai-de-santo é um intermediário entre Orumilá e o consultante; Ifá é um guia e um conselheiro; é também destinado a indicar a personalidade das pessoas.

E vale continuar com a opinião do mencionado pai-de-santo. Escreveu ele: "... com referência a Ifá, o fruto do dendezeiro, cujo coquinho é usado no jogo de Ifá, contém um segredo: na parte externa, está o Exu, e no interior, Oxalá."

A exemplo de Oduduwa e outros Orixás, a que faz referência Artur Ramos, Ifá não recebe culto nos candomblés do Brasil, em especial no Rio de Janeiro e em São Paulo.

Para outros estudiosos, Ifá ou Orumilá são a mesma coisa, e há ainda quem identifique Orumilá, o Senhor da adivinhação, com Olodumaré, Senhor Supremo de nossos destinos.

Se não há culto na forma comum como é prestado a outros Orixás, também ninguém pode ser filho de Ifá.

Ainda devemos anotar outra interpretação, a de Olga Cacciatore em seu *Dicionário de cultos afro-brasileiros* (p. 146): "Ifá - Grande Orixá da adivinhação e do destino. É a palavra de Orumilá (um dos títulos de Deus Supremo, como conhecedor do futuro) e assim faz parte da divindade, da qual é o mensageiro da luz (enquanto Exu o é das trevas)."

A autora repete o que afirmam outros pesquisadores quando escreve: "Ifá não tem culto organizado nos terreiros, mas é conhecido e respeitado. Seu sacerdote é o babalaô que usava o opelê ou os cocos de dendê para receber a resposta do oráculo. Atualmente Ifá preside ainda o jogo dos búzios, sendo que neste caso o mensageiro é Exu. É sincretizado com S. Sacramento ou com o Divino Espírito Santo. . . Sua cor é o branco e o dendezeiro, sua árvore sagrada. . . Seu dia: quinta-feira."

Manuel Querino, com quem muito temos a aprender, nos fala em dois tipos de adivinhos, o babalaô e o olhador, e entre outros elementos utilizados no processo de adivinhação menciona o Obi, o colar de Ifá ou o Opelê.

Roger Bastide, outro pesquisador sério dos cultos religiosos afrobrasileiros, com Pierre Verger no artigo "Contribuição ao estudo da adivinhação em Olóòrisa afirma que: "Na Bahia o culto de Ifá está intimamente unido a Exu." E prossegue, dizendo que "... essa únião é um traço da cultura nitidamente africana".

Para muitos babalaôs de nossos dias, o Exu participa do jogo dos búzios; é o Exu, dizem, quem abre o jogo e já há até quem leve o "seu" Exu a jogar os búzios; entre os ditos Exus está a famosa e popular Pomba-Gira.

Edson Carneiro, saudoso etnólogo brasileiro, chega a escrever ". . . que os babalaôs estão na iminência de desaparecer, o que torna ugente um estudo da adivinhação". E reforçando este pensamento de Edson Carneiro, o autor de *Candomblé da Bahia*, Roger Bastide, ao lado de Pierre Verger, escreveu: ". . . Os fiéis da religião africana têm bem consciência da decadência do babalaô."

Continuando no livro *Candomblé da Bahia*, à p. 116 vamos ler: ". . . O babalaô, que no Brasil é também chamado às vezes de Vidente (Oluô), o é erradamente, pois Oluô é um título hierárquico de certo babalaô." E continua: ". . . Como sacerdote de Ifá, o babalaô é o único que tem direito de tocar no opelê..."

---

* Sempre que aparecer letra destacada (composta em negrito), terá som especial na fonética nagô. (N.E.)

Quanto ao relacionamento do jogo dos búzios com Exu, o autor explica nesta declaração: "... Com efeito, um mito recolhido na Bahia explica como Elegba, que é outro nome de Exu, deu às filhas de Oxum a possibilidade de, além do babalaô, elas também tirarem a sorte com os búzios."
Zora Seljan em um de seus livros nos conta o seguinte: "Exu, chamado pela Ekedi em nome da Oxum, recusou-se..." Vejamos o diálogo:
Exu: – Que deseja minha senhora? (Senhora aqui é Oxum.)
Ekedi: – Não sei, mas creio que ela deseja que jogues para ela.
Exu: – Não. Desisti de jogar, pois quando antecipamos uma desgraça o indivíduo começa a sofrer por antecipação; e se lhe damos uma boa notícia lhe tiramos o prazer da surpresa.

Querem alguns que a partir daí, quando Exu desiste, por vontade própria, de jogar os búzios, ganha, como prêmio, o direito de ser tratado, receber seu ajeum antes dos demais Orixás, sendo sempre o primeiro.

7
EXU NO BALÉ

Yansã é a Senhora dos Eguns e dona do Balé e nesta afirmativa veremos as relações do Exu com o Orixá; "O Exu de cada Orixá é assentado ao lado do Orixá correspondente, sendo cultuado publicamente durante os rituais consagrados ao Orixá." ("Exu: poder e magia", de Luana M. Salvia Trindade, em Olóòrisa). E ainda nos servindo do que afirma a autora, "Exu é a expressão de um simbolismo, cujo sentido se encontra não apenas na estrutura do imaginário, como também no real. Expressa simbolicamente as incertezas humanas frente aos debates com as condições sociais estabelecidas, a afirmação de liberdade e autonomia do ser humano frente às imposições naturais e sociais" (*op. cit.*, p. 3).

Exu participa da vida do ser humano, é o seu inconsciente e daí a afirmativa de que ninguém vive sem Exu; para Roger Bastide, "Exu é, na verdade, o Mercúrio africano, o intermediário necessário entre o homem e o sobrenatural, o intérprete que conclui, ao mesmo tempo, a língua dos mortais e a do Orixá".

Não apenas os Orixás têm seu Exu, também o ser humano tem o seu, como escrevemos linhas atrás, e sem ele não haveria vida, pois é o intermediário entre o criador e a criatura. Intermediários são também os atabaques rum, rumpi e lé, integrantes da liturgia; daí serem considerados sagrados, pois são batizados e alimentados anualmente, cabendo-lhes chamar o Santo – por isso têm função intermediária, a exemplo do Exu.

A cerimônia para alimentar os tambores implica a presença do Axogun, a quem cabe os sacrifícios de *animais*, cujo sangue (menga) irá alimentar os atabaques.

Os conhecidos atabaques, que alguns confundem com tambores, ainda que ambos tenham formatos bem diferentes, só após consagrados, isto é, depois de passarem pela cerimônia ritual indicada, estão em condição de chamar o Exu e com ele servirem de instrumento de interligação das criaturas com o criador, seu Orixá.

Pois bem, também o Exu deve ser tratado, recebendo alimentação adequada a fim de cumprir sua missão, servindo de veículo através do qual o

Orixá encaminha ao filho seu poder e proteção, em particular os filhos e filhas de Yansã, a Senhora dos Eguns.

O Exu deve ser plantado sempre à entrada do barracão, pois a ele cumpre zelar pela integridade da liturgia em todos os momentos e ocasiões. Mesmo quando não há cerimônia ritual, Exu está presente na função de Olode, isto é, o Senhor do lado de fora, atento a tudo que possa ocorrer. Podemos ler em Marco Aurélio: "... o Exu ancestre, que é o pai ancestre mas também o filho."

Como bem o descreve Roger Bastide: "... Exu não se encarna nunca, embora por vezes tenha filhos"; o mesmo já não acontece com Ifá, como pudemos observar anteriormente.

Exu é uma entidade interesseira, isto é, quem desejar seus serviços deve agradá-lo, e ao lhe prometer alguma coisa terá de cumprir, pois do contrário ele, o Exu, cobra à própria maneira, como se pode ler em *Olóòrisa*: "A ambigüidade de Exu, como símbolo de forças negativas (ofensivas e distribuidoras) e ao mesmo tempo positivas (defensivas e protetoras), traduz os conflitos humanos e a busca do equilíbrio nas oposições" (p. 7).

Entidade que exige, como já descrito, larga experiência e conhecimento da Teogonia afro, dada a complexidade de sua natureza agravada com a interpretação ilógica e irracional do ocidental que pretendeu confundi-lo com o diabo católico, levando Frei Boaventura, autor de *Umbanda no Brasil*, a classificar o culto a Exu como Demonolatria, tem ele qualidades negativas mas também positivas, e tudo irá depender da maneira como é tratado e assentado com os cuidados que sua natureza exige. Segundo os componentes mágicos utilizados em seu assentamento, ele nos dará o correspondente a riqueza, coragem, decisão, clarividência, enfim, tudo que lhe pedirmos nos será dado.

Citando famoso pesquisador, Professor Ornato José da Silva, que em seu livro *Ervas e raízes africanas* escreveu: "Esu é o primeiro Orixá a ser cultuado por ser encarregado de levar as mensagens dos Orixás, do aye ao Orun" (p. 113); quanto às ervas, o mesmo autor nos escreve: "Em geral, todas as plantas que contêm espinhos, que ardem, queimam, formigam ou provocam coceiras no corpo humano são pertencentes a Elegbara, isto é, Exu." Citemos algumas das plantas de Exu mencionadas pelo professor Ornato: bananeira, a folha; beladona, serve para sacudimento; amendoeira, cujas folhas são usadas para sacudimento; arruda, cuja folha é usada contra olho grande; cana-de-açúcar, que é cortada em rolete e oferecido a Exu, servindo o bagaço para defumação; cajueiro, para banhos; cebola, no preparo de ajeum para Exu; maria-mole, para banho e sacudimento; pinhão branco, usada como a aroeira; hortelã-pimenta, que é plantada em torno do assentamento do Exu; pau-d'alho, cujo galho é usado em sacudimento no local de trabalho; picão de prata; pimenta-da-costa, usada para oferta aos Orixás; urtiga branca para Ebó de defesa; assento de Exu; tirica, cujas batatas depois de torradas são usadas como pó de mudança (apelidada pelo aroma que desprende como dandá-da-costa).

Vamos concluir com duas importantes opiniões: o babalorixá Joquinha, em seu livro *Guia do candomblé na Bahia*, publicado por esta editora, escreveu: "Exu, dentro do candomblé, é tratado com muito mimo e carinho", enquanto a escritora Helena Teodoro afirma: "Exu, por ser o princípio dinâmico sem o qual nada existe."

Seguem-se outras definições, que aqui colocamos para que o querido leitor possa melhor entender a importância de Exu dentro da ritualística dos cultos religiosos afro-brasileiros.

Irmão de Ogum, são sempre saudados juntos; ainda se afirma que Exu, na África, é Olode, Senhor do lado de fora, enquanto Ogum é o Senhor das Estradas, em especial, de ferro.

Eis aqui alguns Exus do panteon africano: Legba, Elegbara, Bara, Alaketu, Ajelu, Alkessan. Em Ketu, Embarabê. Em Jêje: Bara, Run Dan to. Em Angola, temos: Aluvaia, Parana, Vira, Marambo, Pomba ngera, Sinsa Muzila; e em Congo: Bombogiro e Lonam.

Como se opera tal irmandade é assunto para os iniciados, posto que enquanto no Rio de Janeiro Ogum se sincretiza com S. Jorge, nos candomblés S. Jorge é Oxosse.

Quanto ao controvertido ponto de vista sobre a natureza de Exu, se é ou não Orixá, Roger Bastide nos escreveu que "Exu não deve ser um Orixá semelhante aos outros", e o mesmo autor faz outra afirmativa interessante: "Exu é uma divindade do fogo". Muitos filhos e adeptos dos cultos religiosos afro-brasileiros não se apercebem desta verdade transparente na cantiga Ina Ina Mojiba, pois Ina é fogo, e Mojiba, Exu. Exu, a exemplo de Oxalá, tem nojo do trabalho de parto, donde se afastar uma filha dos trabalhos ritualísticos quando está em seu período menstrual. Neste dias, ela não deve sequer tocar em qualquer objeto do ritual, pois prejudica o Axé do mesmo.

No Brasil, por falta de informação mais precisa, ou por maldade, o Exu foi identificado com o diabo católico, e o mais lamentável é a posição de muitos irmãos aceitando tão absurda interpretação.

Concluamos este capítulo dedicado ao Senhor Exu com a afirmativa da autora de *Os Nagô e a morte*: "De fato, cada Orisa possui seu Esu, com o qual ele constitui uma unidade" e conclui com a firmativa: "No terreiro, cada órisà é acompanhado de seu Esú particular."

8
MAGIA NO CANDOMBLÉ

Iniciemos por entender o que seja MAGIA, a fim de, em seguida, compreendermos a MAGIA no CANDOMBLÉ, já que podemos encontrá-la no catimbó, na pajelança, no babaçuê ou mesmo na umbanda ou no espiritismo de Caboclo.

Querem alguns que Magia seja a arte pela qual se dominam as forças da natureza ou sobrenaturais e o uso racional de seus efeitos, quer com a utilização de componentes materiais — pólvora, punhais, espelhos, azeite-de-dendê (epó), terra de cemitério, sangue (menga) de animal sacrificado especialmente para a ocasião; ou com a invocação de Kiumbas ou Eguns (espíritos) obsessores, tanto para a magia do Bem, quanto para a magia do mal, que em conceito elitista se denomina Magia Negra e outros dizem tratar-se de Quimbanda.

A magia está presente em toda a liturgia dos cultos religiosos afro-índio-brasileiros, seja umbanda, candomblé, catimbó ou qualquer outro segmento, como no espiritismo de caboclo.

No jogo de búzios, escreve um Pai-de-Santo que "Exu representa a magia"; também as cantigas, os Ingorossi, refletem a magia da vibração (ao final deste capítulo mencionaremos um tipo de reza, verdadeiro amuleto de magia). Jesus também usou e aplicou a magia, em especial na cura de um cego, de um paralítico, de Lázaro e outros.

As cantigas são acompanhadas pelos ritmos dos atabaques, dos tambores que levam os pacientes ao êxtase. Lemos em *Planeta,* Série Ouro, "O ritmo dos tambores leva as pessoas a entrar em transe", no número especial intitulado de Dança Sagrada, na p. 4: "Dança, um ritual mágico – Nesse sentido, o corpo é o instrumento para o poder superior e essa força invisível que envolve a tudo e a todos é encontrada na dança de forma direta... Os povos primitivos, pré-civilizados, que não têm a mente exclusivista e racionalista dos ocidentais, sabem há milênios que existe uma influência dos ritmos da natureza sobre os organismos vivos...."

Antes de 1888, no período escravocrata, os negros, com o objetivo de preservarem os segredos que envolviam a magia de seus ritos, praticavam tais ritos de preferência em recônditos afastados, duas vezes por ano. E mais, para tais práticas exigiam dos participantes, alguns dias antes dos ritos, "abstinência de álcool e de carne para o preparo do jejum e suas rezas."

Pois bem, o Babaojê, também conhecido por Alabá ou Alagba, de posse de um bastão imantado é encarregado de invocar os mortos (Eguns), e depois, quando estes já estão presentes, de dirigi-los em sua caminhada insegura, impedindo-os de se misturarem com os vivos.

A magia surgiu com os primeiros *magos*, quando tiveram necessidade de dominar doenças e calamidades, utilizando para isso as forças da natureza, seja o ferro, o aço, o otá (pedra), água de Nanã*, plantas etc.

Já Platão faz alusão a diversas práticas de magia; também Aristóteles comenta: "A magia imitativa fundamenta-se no princípio de que o efeito se assemelha à causa que o produz."

Em *Vodu*, livro de Marcus Cláudio Aquaviva, lemos na p. 56: "A feitiçaria afro-brasileira emprega a magia imitativa e a magia simpática, sendo o despacho ou ebó sugestivo exemplo de magia prática." E mais adiante: "Em Cuba, a magia fetichista sugere profunda semelhança com a magia afro-brasileira"; e continua, ao se referir a práticas no Haiti dos cultos religiosos afro-brasileiros: "A magia haitiana não faz por menos e os feitiços são os reis da noite", enquanto "a magia antilhana reconhece, contudo, o fechamento do corpo potente elemento contra o feitiço".

Aqui está uma invocação, descrita por Willian Seabrook:

> Deus do céu, Senhor da Terra, rei imortal e invisível, perante o qual tremem todos os poderes, fazei com que eu jamais seja vencido, mas sempre o Vencedor! Amém!

---

* Água de Nanã: água da chuva apanhada diretamente numa vasilha. (N.E.)

9
BORI

Cerimônia litúrgica que marca o tempo da iniciação do filho ou filha, a Yaô no candomblé, em especial as filhas e filhos de Yansã (Oyá).

Para alguns, esta cerimônia pode significar "o dar comida à cabeça", buscando fortalecer o ori (cabeça) do filho, da yaô, ante um possível enfraquecimento no decorrer da vida iniciática, com as contínuas incorporações.

O Bori, grafado inicialmente OBORI, para Manuel Querino tem função clínica, ou seja, dar saúde ao paciente, evitando, como escrevemos acima, o natural enfraquecimento do filho iniciado, em virtude de seu contínuo processo de manifestação dos Orixás.

O autor citado, um dos estudiosos mais sérios dos cultos religiosos afro-brasileiros, a quem coube descrever as primeiras manifestações públicas do culto a Yemanjá na Bahia, escreve a respeito do Bori: "Há pessoas que, apesar de pertencerem à seita, todavia não se querem prestar a dançar, cantar, incorporar de público na ocasião em que o santo chega. . ." e mais adiante, prossegue: "A oferta alimentar à cabeça, na medida em que efetivamente fortifica o Ori, pode ter virtude profilática".

O Bori ou Obori é uma cerimônia ritual que solidifica a ligação do filho ou Yaô ao seu Orixá, e por isso Roger Bastide escreve: "Constitui, em suma, a incorporação daqueles que serão seguidores da seita, sem jamais manifestarem fenômenos possessivos." E conclui: "Enquanto o Bori requer o sacrifício de um animal de duas patas. . . No Bori, o sangue corre sobre a pedra, sobre o colar e é lambido no pescoço da ave sacrificada."

Querem outros que o Bori seja realizado na iniciação ou não deve ser dedicado ao Orixá do filho ou Yaô, o "dono de cabeça", como costumam dizer.

A Yaô ou filho deve ficar de joelhos sobre uma decisa (esteira), no ronco – alguns reforçam que a mesma seja coberta com um lençol branco e limpo –, e todo vestido de branco (roupa limpa), especialmente usada nessas ocasiões.

Feita a consulta ao Orixá, esfrega-se o Ori do filho ou Yaô com o obi (fruta de origem africana), em massa devidamente preparada no terreiro, (pois hoje é comum encontrar material para a cerimônia ritual em lojas de artigos ditos religiosos).

Após esfregar a massa feita com o obi, o Ori (cabeça) é banhado com a menga (sangue) da ave abatida e suco de ervas preparadas na ocasião e indicadas segundo o Orixá do filho ou yaô.

Em *Candomblé na Bahia* lemos: "O bori, então, ocupa realmente posição intermediária no sistema que entrelaça o homem com a divindade" (p. 32). E mais: "A lavagem das contas e o bori são partes obrigatórias da iniciação."

10
MITOS, LENDAS, ESTÓRIAS

Poderia ser matéria não só para um capítulo, mas para um livro. Comecemos por esta sobre Yemanjá.

Conta-se que em certa ocasião, quando ainda vivia no mato, Yemanjá consultou um babalaô e este, após o jogo de búzios, disse-lhe para que não deixasse seu filho Odé, o mais novo, ir para o mato, como era de hábito, pois, segundo Oluwo, Odé poderia se perder.

Voltando para casa, Yemanjá chamou o filho e recomendou que ele não mais fosse, pelo menos sozinho, andar pelo mato.

Teimoso, não deu ouvidos à recomendação da mãe e certo dia fugiu para o mato fechado.

Como avisara o babalaô, Odé se perdeu, mas foi recolhido por Ossaniyn ou Ossanhe, que logo se afeiçoou a Odé. Vestindo-o todo de penas, deu-lhe um arco e flechas e ensinou-lhe a usá-los fazendo dele um exímio caçador.

Yemanjá logo que sentiu falta do filho, tratou de procurá-lo, pedindo a colaboração do outro filho, Ogum, que também embrenhou-se pelo mato à procura do irmão.

Não obstante os esforços de Yemanjá e de Ogum, o fugitivo e perdido Odé só foi encontrado muitos anos depois, já homem feito, não querendo porém voltar para casa, o que muito aborreceu Yemanjá, pois Odé se apaixonara por Ossanhe.

Ogum, porém, obrigou-o a voltar. No entanto, Odé continuou a usar o seu arco e flecha, o que o confunde com Oxosse. Querem alguns que isto explica porque Ogum usa espada, enquanto Odé usa arco e flecha.

☆☆☆

Vamos a mais uma estória, esta a respeito de Ifá, o mensageiro de Orumilá, e da qual participa Oxalufa.

Segundo a estória ou lenda, há muito tempo Oxalufã, pai de Oxaguian, programou uma viagem para visitar o rei de Oyó, o valente Xangô, deixando o seu reino com Oxaláguian.

Antes de partir, porém, procurou o Oluwo a fim de saber como ocorreria a viagem.

O Oluwo fez o jogo, consultando Ifá, dando a seguinte recomendação a Oxalufã:

– Não vá, Oba, não realize esta viagem, pelo menos agora...

Oxalufã, então, perguntou se não haveria um modo que lhe permitisse realizar a viagem sem problemas.

O babalaô então lhe disse:

– Bem, já que queres realizar esta viagem, toma as seguintes precauções: atenda aos pedidos que lhe façam no decorrer da viagem e leve consigo três vestimentas de reserva, manteiga de karité e sabão.

Oxalufã apanhou seu cajado de prata, também conhecido como pachorô, as vestes indicadas, bordadas como era de seu gosto, e partiu.

Em virtude da idade, caminhava muito devagar, apoiando-se no cajado, o seu pachorô.

Após percorrer longo trecho, quase deserto, Oxalufã encontrou Exu sentado à beira da estrada, tendo ao seu lado uma barrica cheia de óleo de palmas.

Dirigindo-se à Oxalufã, Exu lhe pediu:

– Oxalufã, velho e bom viajante, ajuda-me a carregar este pesado fardo?

Oxalufã colocou então a barrica na cabeça e lá se foi, segurando o seu cajado.

A seguir, Exu deu um salto jogando o óleo sobre Oxalufã e se retira todo feliz com a maldade que fizera com o pobre velho Oxalufã.

Pouco depois, Oxalufã se aproximou de um riacho próximo, lavou-se e passou em todo o corpo a manteiga de karité. Vestindo uma nova roupa bem limpa, não se zangou com Exu; ao contrário, ainda lhe ofereceu a roupa usada.

Prosseguindo sua viagem, após ter caminhado um bom pedaço numa curva da estrada Oxalufã novamente se encontra com Exu, ainda que não o tenha reconhecido de imediato.

Agora Exu estava com um carrego de carvão e um jarro de óleo de amêndoa, pede a Oxalufã que o ajude. Novamente o Velho Oxalá o atende, e como previra o babalaô, novamente Oxalufã sofre os efeitos das artimanhas de Exu, sendo obrigado a trocar de roupa.

Mas as peripécias de Oxalufã não param aí. Ao chegar ao reino de Oyó, sob o governo de Xangô, Oxalufã vê um lindo cavalo de propriedade de Xangô.

Com espigas de milho e seu jeito meigo, Oxalufã atrai o animal e assim procede com o objetivo de ajudar Xangô; infelizmente, os policiais do reino de Xangô tomam-no por ladrão e o prendem, além de lhe terem batido. Em conseqüência desta prisão injusta, o reino de Xangô começa a sofrer com pestes e outras desgraças.

Xangô consulta o Oluwo e este diz a causa de tantas desgraças; Ifá conta a Xangô que seus policiais haviam .espancado e prendido um bom velhinho sem causa justa.

— Mande libertar o bom velhinho, diz Ifá.

Oxalufã é trazido à presença de Xangô, o qual reconhece o Mestre, recomendando aos seus servos que se vistam de branco, lavem Oxalufã e o adorem.

☆☆☆

Eis mais uma das muitas estórias sobre os Orixás e os cultos afro-brasileiros. Conta-nos Manuel Querino, citado por Roger Bastide, que o ano dos candomblés da Bahia, em decorrência da herança africana, vai de agosto ou princípio de setembro até agosto do ano seguinte, e as cerimônias rituais que marcam o início do ano recebem o nome de "Inhame Novo", ligando-as às solenidades agrícolas ocorridas na África, ou então de "Água de Oxalá", que liga ao "ciclo das adorações divinas".

"Na África ninguém pode comer frutos de nova colheita sem que tenham sido realizados sacrifícios às divindades e aos antepassados", conta-nos o autor, e prossegue: ". . . somente depois que o sacerdote tome no primeiro prato de inhame é que os fiéis podem dele comer", e completando o ritual, "a seguir sacrificam um caprino, que é cozido juntamente com o inhame, não sendo permitido o azeite-de-dendê, que é substituído pelo limo-da-costa (manteiga de karité).

Tais solenidades ligam a criatura à natureza, mostrando que uma descende da outra e por isso depende dela. Concluem os autores citados: "Pois as forças sagradas podem se esgotar, se não forem criadas de novo ou pelo menos periodicamente renovadas."

☆☆☆

Mitos e estórias de Xangô e Iansã.
Roger Bastide nos passa a seguinte lenda (p. 100):
Um mito conta-nos que Xangô possuía certa magia, isto é, lançava fogo pela boca, mas Iansã roubou-lhe tal poder e daí em diante também ela foi capaz de lançar fogo pela boca – pelo menos consegue riscar o céu com sua espada (os raios).
Xangô e Iansã saíram juntos para a terra de Malê. Ali chegando, perceberam que nada havia mudado. Os malê continuaram rezando seus rosários, indiferentes a Xangô.
Xangô então pediu a Iansã que lhe guardasse as costas e interpelou Malê. Eles porém nada explicaram a Xangô, que, irritado, descarregou o corisco, enquanto Iansã, arrastando sua espada e raspando o ar, fazia o relâmpago.
Os Malê, que não conheciam o relâmpago, ficaram com medo e caíram no chão fazendo reverência a Xangô.
Nesse momento, chegou o chefe dos Malê cantando assim:
OBA EMODE BMOLE LOCE
reconhecendo a chefia de Xangô (é com esse canto que se abre o culto dos Malê).

☆☆☆

Pierre Verger nos explica a diferença entre Ossé, que designa dia da semana ou o dia feriado, e Oxé ou Oché, que quer dizer alimento.
Vamos à lenda:
Obatalá envia seus súditos através do mundo para ver qual seria o mais inteligente. Partem os Orixás com as mais belas roupagens e suas insígnias reais. Oché, porém, que era muito pobre, não tinha senão um saco velho.
Os deuses foram bem recebidos por toda parte, festins magníficos lhes foram oferecidos, mas a Oché não davam senão os restos dos repastos, a cabeça, os pés, a ponta das asas. Roía o que podia, sentado na soleira da porta que não se abria para ele, e de resto só fazia meter os ossos no saco.
Na volta, os Orixás relatam a Obatalá o que se passara.
Diz então Obatalá:
— Vocês foram bem recebidos e bem festejados, segundo afirmam, e quero crê-lo; mas que provas me trazem?

Somente Oché podia afiançar a veracidade do que se passara, abrindo o saco cheio de ossos.

Obatalá deu então seu lugar a Oché, dizendo-lhe:
— Será você o meu sucessor, todos os Orixás ficarão submetidos a você.

Daí em diante, no momento dos sacrifícios, para que estes sejam aceitos pelas divindades, a cabeça e os ossos devem ser apresentados, também.

☆☆☆

Oxumaré, representado pelo arco-íris, segundo lenda que nos vem do continente africano é quem leva a água dos rios e lagos para o palácio de Xangô, que nos é devolvida em forma de chuva; a mesma estória nos é passada pelos indígenas, para quem as árvores altas são sagradas, pois, segundo eles, são elas que levam a água para o céu pois só assim temos a chuva.

Ainda assim, muitas pessoas, mesmo do culto, confundem Oxumaré com Oxum.

☆☆☆

No livro *Candomblé da Bahia*, do prof. Roger Bastide, à p. 177 encontramos a seguinte estória sobre o Padê de Exu.

Em Cuba, o mito explicativo do Padê é que Olofi, deus supremo para os cubanos, criador do céu e da terra, ficou doente e foi Eleggua (nome dado a Exu) quem rapidamente o curou com suas ervas; Olofi, cheio de gratidão, declarou que daí por diante Exu (Eleggua) devia ser servido em primeiro lugar (351 2v).

☆☆☆

Vejamos mais esta estória de Exu:

O rei do Congo tinha três filhos, Xangô, Ogum e Exu. Este último não era certamente um rapaz normal, mas retardado, e por isso mesmo turbulento, brigão e lutador.

Depois de sua morte, sempre que os africanos faziam um sacrifício aos espíritos ou celebravam uma festa religiosa, nada dava certo, as preces dirigidas aos deuses não eram ouvidas, os rebanhos foram aos poucos dizimados por epidemias, as colheitas secaram sem produzir frutos, os homens caíam doentes. Que tabu teria sido violado? O babalaô consultou os obis e estes responderam que Exu tinha ciúmes, que queria sua parte nos sacrifícios. Como as calamidades não cessarem, cada vez mais castigando o pa(s, o povo voltou a consultar o babalaô.

Mais uma vez tiraram a sorte e a resposta não tardou: "Exu quer ser servido em primeiro lugar.

Mas quem é esse Exu?, perguntaram alguns. Como não vos lembrais dele?, responderam outros.

— Ah, sim — disseram. — aquele pretinho tão amolante?

— Exatamente esse.

E foi assim que, dali para diante, não se pode fazer nenhuma obrigação, nenhuma festa, nenhum sacrifício sem que Exu seja servido em primeiro lugar (*Imagem*, de Roger Bastide).

☆☆☆

Outra estória que nos chega dos cultos afro-brasileiros é aquela que busca explicar porque Obá dança com parte do rosto coberto.

Obá, uma das mulheres de Xangô, procurou Oxum e lhe perguntou o que ela teria feito para desfrutar dos carinhos de Xangô. Há quem diga ser Oxum a mais querida por Xangô.

Respondeu Oxum:

— Conquistei os carinhos de Xangô porque lhe dei uma das minhas orelhas em seu ajeum (comida).

Obá, acreditando na estória, não fez por menos: chegando em casa tirou a orelha e colocou-a no ajeum de Xangô. Este, ao provar o ajeum percebeu algo duro, impossível de mastigar.

Consultando Obá, esta lhe disse tratar-se da orelha que ela havia colocado no ajeum.

Xangô, aborrecido com o fato, jogou fora a comida. Obá, então, perdeu a orelha e o amor de Xangô.

11
AXÉ

Um dos objetivos desta obra é estabelecer a verdade de forma clara e objetiva, permitindo uma nítida transparência da religião afro-brasileira, em particular do candomblé.

Geralmente há uma relativa tendência a se confundir alguns conceitos, seja por falta de melhor interpretação ou mesmo por falta de um conhecimento mais profundo da filosofia africana no que diz respeito à sua cultura, em especial a religiosa, como ocorre por exemplo com o Axé. Vamos tentar esclarecer nossos leitores, desejosos de conhecer toda a ritualística dos cultos religiosos afro-brasileiros.

Para muitos participantes de nossos cultos, o Axé se confunde com o assentamento, enquanto que eu direi que há Axé no assentamento ainda que o assentamento seja distinto do Axé.

Vejamos este trecho sobre Água de Oxalá: "Após a lavagem das pedras, os objetos do "assentamento" (axé) voltam ao pegi. . ."

Alguns autores, quando escrevem sobre oferendas, afirmam que "constituem a restituição do axé (poder de realização) à matéria básica de que foram formados os seres do mundo físico (ayé)". Ainda sobre Axé, há quem defina: "Força dinâmica das divindades, poder de realização, vitalidade que se individualiza em determinados objetos como plantas, símbolos metálicos, pedras e outros que constituem segredo e são enterrados sob o posto central do terreiro, tornando-se a segurança espiritual. . . Esses objetos são chamados Axés..."

Na esteira de conceitos sobre Axé, encontramos "objeto consagrado que tem força espiritual", assim como algumas vezes é confundido com Axé, "pó mágico que tanto serve para o bem como para o mal".

Escritores bem conhecidos nos cultos religiosos afro-brasileiros afirmam que Axé pode ser o "alicerce mágico da casa do candomblé, objeto sagrado que possui força espiritual".

O Axé integra a liturgia dos cultos religiosos afro-brasileiros, e por isso a Yawo, o iniciando, entre outros detalhes da liturgia toma conhecimento do Axé, e daí a afirmativa de conceituados babalorixás e ialorixás de que "na camarinha o iniciado recebe o seu Axé. . .", buscando assim maior evidência da importância do Axé na liturgia dos cultos religiosos do candomblé. Há ainda quem afirme que "os Axés são os amacis preparados com ervas dos Orixás..." Em *Os Nagô e a morte*, sua autora, professora Juana Elbein dos Santos, escreve na p. 79: "A água e a terra são elementos que veiculam o Ase..."

Ao afirmarmos que o Axé integra a liturgia dos cultos religiosos afro-brasileiros, o fizemos apoiados em opiniões categóricas e inteligentes como por exemplo: "Por meio da atividade ritual o Ase é liberado, canalizado..." (op. cit. p. 37), ou "Cada indivíduo, por ter sido iniciado pela Iya Fase e através de sua conduta ritual, é um receptor e um impulsor do ase..

O Axé é uma força revitalizadora que se poderá encontrar em objetos consagrados ou não, seja nos assentamentos ou em outros componentes da liturgia dos cultos religiosos afro-brasileiros, seja num Bori, num sacudimento ou mesmo num amuleto.

Podemos encontrar também o Axé nos otás, nas ervas e na água (otim), e é por isso que devemos encontrá-lo nos assentamentos.

É comum ouvirmos que sem Exu não há vida; pois bem, sem Axé a liturgia inexiste, é destituída de valor.

Não é apenas na liturgia que encontramos o Axé, mas também na magia, seja para o bem, seja para o mal, pois somente o Axé valoriza qualquer "trabalho" de magia. Por isso, podemos encontrar o Axé no Ebó, ou numa oferenda, pois o Axé é a força vitalizadora, e quando buscamos identificar os valores tradicionais ou intrínsecos de um obi, de um cauri, de um Ossé, a partir daí constatamos que o babalorixá ou babalaô e a iyalo-rixá têm Axé em suas mãos, pois só assim podemos identificar os valores, a autenticidade de seus trabalhos, quer num assentamento, numa feitura de santo ou num sacudimento, ainda que, para o leigo, tais serviços estejam a cargo do Pai Pequeno, Ekedi etc.

Na liturgia as cantigas são importantes, principalmente quando ritmadas com o som dos tambores ou atabaques, tocados por Ogãs suspensos, isto é, Ogãs iniciados, "feitos", os quais sabem como se comportar no uso do tambor ou do atabaque. Também os tambores e atabaques têm Axé, e para isso são devidamente alimentados, cuidados por seus tocadores, os Ogãs; daí a recepção feita pelos Alabés quando um Ogã chega a um terreiro.

Num terreiro de Axé os atabaques ou tambores não podem ser tocados senão por Ogãs suspensos, sempre devidamente preparados, inclusive com vestimenta adequada, nas sessões ou em qualquer cerimônia ritual. Quando o Babalorixá, a Iyalorixá ou o Ojé têm consciência de sua importante missão, é um portador de Axé, seja nas mãos, no olhar ou, acima de tudo, na sua fala, no seu hálito, donde a importância do beijo, um gesto verdadeiramente portador de Axé.

12
O CULTO DOS ANCESTRAIS

Ancestre é o Egun de alguém que exerceu alta função social ou religiosa, em especial, a função sacerdotal, merecendo, por isso, ser lembrado em cerimônia ritual.

Os Eguns ancestres não baixam, como ocorre no espiritismo ou outros segmentos que praticam a necromancia, ou seja, a invocação de mortos.

Como escreve certo autor "... o Egun propriamente dito é um espírito de outra categoria, *Não baixa* [o grifo é meu] em missão, não trabalha". Assim se entende porque a Casa do Egun (balé) é sempre fora do terreiro, assim como a do Exu, e como escrevi linhas atrás – o Egun Ancestre é de alguém que teve função social ou religiosa – é o que se evidencia nesta afirmativa. "Em algum Candomblé, é costume fazerem uma festa para os Eguns, a alma dos Babalorixás, Iyalorixás ou mesmo os filhos do terreiro... Esta festa de Egun tem por finalidade não só prestar-lhes uma homenagem, como ajudá-los a ocupar o seu lugar dentro da Casa do Egun (balé).

O ancestre tem o nome de Sangbeto, e como escreve Omoxubolotá "... uma festividade anual, Sangbeto é também organizada para dar as boas-vindas a um importante visitante... traz oferendas para enfeitar os corpos e os membros do culto Sangbeto".

Cremos não se poder confundir o culto aos Eguns com o que ocorre no Egbe (sociedade secreta dos cultuadores de Egun) em Itaparica, na Bahia.

No decorrer da festa ou apresentação dos Eguns, realizam-se danças e lamentos (cantigas), conhecidos como "Orós" ou "Inhãs", quer dizer, unguento de encomendação e purificação.

Quando escrevi sobre o Axé lembrei algumas opiniões divergentes em torno de colocações africanas, e aqui na questão do ancestre e Orixá evidenciam-se as divergências.

Vejamos o que escreve a autora de *Os Nagô e a morte* (p. 102): "Alguns autores sustentam que os Òrìsà são ancestrais divinizados, chefes de linhagens ou clãs que através de atos excepcionais...", e esta outra afirmativa da mesma autora: "Para os Nagô, os Órisà não são Egun..."

Há quem conceitue dentro de uma forma mais abrangente, ou seja, ancestre é aquele, como escrevi no início, que prestou serviços à sua comunidade, e por isso Xangô, Ogum e Oxosse são ancestres, pois viveram no ayê: Xangô foi rei de Oyó; Ogum, rei de Irunlé, e Oxosse, rei de Keto ou o Alaketo. A estes Orixás se aplica o que escreveu a autora de *Os Nagô e a Morte*, "... que Órisà são ancestres divinizados"; mas somente a estes Orixás se aplica o que escreveu, *Ancestre divinizado* [o grifo é meu].

Continuemos com novas idéias e opiniões de outros autores em torno da questão de ancestre. Segundo Juana Elbein dos Santos, "Ainda que hoje continuem a adorar não só seus ancestres familiares, mas também as grandes figuras que fundaram os cultos na Bahia..."

O mal que nos presta certos etnólogos materialistas está na sua prevenção contra nossos cultos, seja ao Orixá, seja ao Egun (alma).

Roger Bastide, em seu livro *Candomblé da Bahia*, já citado, à página 137, referindo-se ao culto do Egun em Itaparica escreveu: "Em alguns destes candomblés funerários encontra-se ainda o Egungun, grotesca aparição da alma do finado. *Não passa de uma farsa combinada entre os chefes e os diretores do candomblé* [o grifo é meu].

A descrição de Manoel Querino é ainda menos definida: "Na véspera da missa de ano, à noite, o africano médium que não exercia outra função na seita... colocava no chão uma bacia com água e a folha correspondente ao santo do morto, pronunciava algumas palavras cabalísticas que eram repetidas pelos presentes. Com um pequeno cipó batia três vezes no chão, o que equivalia a invocar o espírito do morto. Acudindo ao chamamento, o Médium perguntava se o espírito fora chamado por Deus ou enviado por alguém. Depois da resposta, o espírito fazia revelações, dava consultas e conselhos, ditava ordens para serem cumpridas, (op. cit., p. 138).

Embora os Eguns, como veremos daqui há pouco, intervenham algumas vezes no Axexê, é preciso não confundir estas cerimônias funerárias com os ritos de homenagem aos mortos.

Para que melhor se esclareça um dos sagrados ritos de nossos cultos religiosos, citemos mais esta explicação de Roger Bastide: "Os homens então se dirigem à Ilê-Saim, enquanto as mulheres ficam em seus lugares, pois lhes é proibido penetrar no Ilê Egun", o que nos mostra os cuidados das cerimônias rituais de nossos cultos e seu Eró.

Vamos mencionar mais uma pequena afirmativa que evidencia outra grande verdade de nossa liturgia, ou seja, o culto dos Eguns se diferencia do culto aos Orixás, isto porque "... a fixação dos Eguns em recipientes que são colocados no Ilê-Saim, cerimônia sem dúvida diferente mas paralela à da fixação dos Orixás nas pedras (otás) do peji".

Em meu entender o culto aos ancestrais torna claro a grandeza de nossa religião, bastante mais racional que as religiões ocidentais, em cujos ritos falam do morto mas cultuam as peças destituídas de vida (ossos, egungun, retratos etc.).

Escreveu Omoxubolatá (op. cit., p. 74); "O culto dos ancestrais nasceu n'África entre os yorubás, isto há mais de dois mil anos."

13
EBÓ

Falemos de mais um componente importante na ritualística dos cultos religiosos afro-brasileiros, especialmente do candomblé, que é o Ebó.

E o que vem a ser um Ebó? Aqui está o que nos escreveu Iracy Carise em seu livro *A arte negra na cultura brasileira:*

> Ebó – Comida de santo feita com farinha de milho branco e azeite-de-dendê. Do iorubano Egbo, milho cozido em água. Primeira refeição de Oxalá no palácio de seu filho Oxaguian, o Ebô ainda é usado na festa de Oxalá nos candomblés da Bahia, especialmente no rito jêjenagô.
>
> Ebó também significa, na interpretação popular, feitiço; muamba; coisa feita.

Mas o Ebó é acima de tudo uma forma de oferenda ao Orixá, seja para agradecer, ou para solicitar um favor, especialmente a Exu; pode ser seco (frutos, vegetais) ou com sangue do bicho indicado pelo Orixá, após ouvir o Babalaô.

O Ebó, depois de preparado pelo Babalorixá ou Ialorixá, deve ser colocado junto ao "assentamento" do Orixá a quem ele, o Ebó, é dirigido. Um Ebó bastante conhecido de filhos e freqüentadores do candomblé é aquele feito com milho, uma espécie de mingau, como já vimos oferecido à Oxalá colocado junto ao Axé do Orixá a quem se oferece. Estão neste caso Iroko ou Ossainyin, ou Oxosse.

O Ebó, considerado também o sacrifício que se oferece segundo o ritual de determinada cerimónia para concretizar um pedido ou agradecimento ao Orixá, deve ser preparado por quem tenha conhecimento e esteja apto para isso.

Para Manuel Querino, "despachar o Ebó é cumprir uma promessa feita"; como escrevi linhas atrás, é a oferenda de gratidão por uma graça recebida, e os componentes variam segundo o Orixá e a natureza do agradecimento ou do pedido.

Em virtude dos componentes, o Ebó é muitas vezes confundido com um "despacho", isto é, quando feito para o mal, principalmente quando colocado numa encruzilhada como oferta a Exu.

A fim de se avalizar a importância de um Ebó, segundo alguns autores "É preciso, todavia, que o executante, isto é, quem prepara o Ebó e o coloca, obedeça a técnica litúrgica para o caso."
Vamos citar este trecho, que confirma o que escrevi linhas atrás sobre o Ebó. "O termo Ebó significa sacrifício..."
Como escrevi quando tratei do Axé, o Ebó tem Axé e por isso exige conhecimento a fim de poder manipulá-lo. O Axé, onde esteja, é uma força viva que deve ser manipulada com todo cuidado.
Eis o que escreve o autor de *Candomblé e seus mistérios* à p. 121: "Existem vários tipos de Ebós para as mais variadas finalidades: a) Ebó-Akosó; b) Ebó-Alafiá; c) Ebó-Etutu; d) Ebó-Exé; e) Ebó-fifi; f) Ebó-Idahewa; g) Ebó-Igbeso; h) Ebó-Itasité; i) Ebó-Ope; j) Ebó-Oreatinuwa."
Um leigo não deve tentar preparar um Ebó, pois sua confecção exige preparo, conhecimento da liturgia do Candomblé; entre as pessoas impedidas de preparar um Ebó está a mulher em seu período cíclico.
"No Candomblé também podemos encontrar um culto ao Espírito (Egun) que, apesar de não ter um termo definido, é, todavia, cultuado através de um Ebó, cujo nome é Ebo-Akosó..."; e conclui: "No que se refere ao Ebo-Alafiá, podemos inferir, através do mesmo, ... que se trata de um ritual que tem por finalidade... render homenagem ao Deus da Paz (Olorun)."
Quando o Ebó objetiva pedir o afastamento de alguém indesejável costuma-se jogar um pouco de deburu sobre o Ebó, acompanhada de palavras mágicas apropriadas à ocasião. Nunca prepare ou "despache" um Ebó se não está em boas condições psicológicas, pois destarte está sujeito a não alcançar o que deseja.
Os pedidos devem ser dirigidos ao Orixá indicado. Observe o seguinte: para vencer uma demanda, Ebó para Ogum; vencer um caso de justiça, Xangô; para um caso de amor, Oxum; para que uma mulher queira engravidar ou ter um bom parto, Yemanjá; a fim de saber sobre uma viagem etc., Nanã, assim como se desejar que chova ou cesse a chuva; para se conseguir alimento, Oxosse; desejando-se evitar uma doença, Obaluaê; para vencer um lorogun (briga), seja com vizinho, no trabalho etc., ofereça a Exu e, ainda para ganhar em jogos (do bicho ou na loteria).
E aqui vão algumas advertências: em se tratando de Exu, pediu, recebeu, pagou; do contrário, pode sair tudo errado. Para caso de amor, pode oferecer um Ebó seco para Oxum; em caso de querer arranjar mulher, ofereça um para Pomba Gira.

14
ERVAS DE IANSÃ

Cada Orixá tem a sua erva ou ervas com seus Axés, com as quais são preparados, dentre outros componentes litúrgicos, banhos, amaci, defumadores, ossé, alem de outras práticas da liturgia do candomblé, especialmente na iniciação.

Ainda que as ervas tenham seus Orixás específicos, é Ossanyin o Orixá das folhas, o Oba das ervas; para isso, Ossanyin tem o seu sacerdote, ou seja, Babalossaim, a quem compete colher e identificar as plantas e sua natureza litúrgica ou até mesmo clínica.

O Babalossaim é iniciado no segredo das ervas, ainda que hoje em dia, por falta de assistência dos poderes constituídos, por falta de uma me¬lhor organização e por dificuldades financeiras muitos cargos vão desaparecendo da liturgia dos cultos religiosos afro-brasileiros. O Babalossaim é um deles, assim como o Babalaô e o Ogã, dentre muitos outros.

Como em todas as atividades da liturgia do candomblé, no barracão ou fora dele, o operador deve sempre cantar, quer quando prepara o debu- ru ou o Ebó. É isto que faz o Babalossaim quando vai colher as ervas para os mais diferentes rituais ou cerimônias litúrgicas. Antes de entrar no mato, a fim de melhorar ou preparar o axé do hálito, mastiga um pouco de *obi* ou qualquer outro fruto apropriado, e começa a cantar quanto entra no reino de Oxosse e permanece cantando enquanto estiver recolhendo suas ervas; só pára quando sai da mata, e o faz saindo de costas.

O Babalossaim conhece a lua e o tempo próprios para colher as ervas, pois se não são colhidas em lua não indicada perdem seu Axé, chegando mesmo a apodrecer antes de seu uso.

As ervas para obrigações, seja quais forem, devem estar verdes e frescas, pois assim estarão ricas de Axé, o que já não ocorre quando plantas estão secas.

No capítulo que escrevi sobre Axé mencionei a posição de muitos lies que ficam fora do barracão. Entre outros podemos citar Ossanyim e Oxosse,por serem "santos de ar livre", e por isso são assim *assentados*.

Aqui estão algumas ervas de Iansã, segundo Roger Bastide, Ornato José da Silva e J. S. das Chagas Varella: bambu, em particular a taquara, o qual serve para enfeitar o Ilê Egun; brandamundo; dormideira; ervasanta. Para Varella, da alface se usa a folha que é sagrada e pertence a Yansã; malvarisco, planta de Oxalá, e também indicada para Yansã; angico-de-folha-miúda; bambu, que além das indicações feitas linhas atrás pode ser usado para defumação, pois é indicado para limpeza astral; cambuí-amarelo; eritrina-mulungu; espirradeira, usada no amaci e no abo; flamboyant; gerânio, que é aplicado no amaci; jasmim-do-campo, cujas folhas são usadas no enfeite do acarajé; mimo-de-vénus, usada em banhos de purificação; romã, considerada a erva sagrada de Yansã; taquaruçu ou bambu-amarelo. Vale lembrar que é junto aos pés de bambu que se coloca Ebó para Egun ou mesmo para Iansã.

15
CALENDÁRIO LITÚRGICO

Comecemos com quem estudou com carinho os nossos cultos religiosos afro-brasileiros, ainda que possamos, aqui ou ali, divergir de suas opiniões.

Escreveu Roger Bastide:

> Se o espaço dos candomblés nos conduz, assim, a uma geografia religiosa, do mesmo modo o estudo do tempo nos leva ao calendário das festas. Cada mês, cada dia e talvez cada hora tem suas qualidades específicas... Mas o estudo do tempo é mais complicado do que o do espaço.

Segundo o autor, no estudo do calendário, de certo modo, temos a explicação do sincretismo:

> O calendário africano se inseriu no calendário português ou a ele se adaptou. Assim, não via o branco nada de mal no que faziam os negros de sua propriedade, e estes podiam manter sem nenhum risco as cerimônias ancestrais.

Examinemos primeiro o calendário anual:

20 de janeiro	São Sebastião	Festa de Obaluaê (Omulu)
2 de fevereiro	Purificação	Festa de Oxum e Iemanjá
23 de abril	São Jorge	Oxosse
13 de junho	Santo Antônio	Ogum*
24 de junho	S. João Batista	Xangô Afonjá
29 de junho	S. Pedro e S. Paulo	Orixalá*
26 de julho	Santa Ana	Nanã
24 de agosto	S. Bartolomeu	Oxum are
27 de setembro	S. Cosme e S. Damião	Gêmeos (Ibeji)
30 de setembro	S. Jerônimo	Xangô
2 de novembro	Dia dos Mortos	festa dos Eguns
4 de dezembro	Santa Bárbara	Iansã (Oyá)
8 de dezembro	Imaculada Conceição	Oxum e de Iemanjá

Vale lembrar as informações de Roger Bastide: "Os candomblés fecham, pois, as portas durante a semana santa..."

Cumpre-nos lembrar que há um calendário da semana. Comecemos pelos candomblés da Bahia, tendo como exemplo o Candomblé do Gantois, citado por Roger Bastide.

segunda-feira - dedicado a Exu e Omulu
terça-feira - Anamburucu e Oxumarê
quarta-feira - Xangô e Iansã
quinta-feira - Ogum
sexta-feira - Iemanjá, Odé (o filho que ela, Iemanjá, traz ao colo)
sábado - Oxum
domingo - Oxalá

O calendário litúrgico, como já escrevi, varia não apenas de "nação" para "nação", mas até mesmo de um terreiro para outro.
Continemos com o estudo de Roger Bastide (op. cit.,p. 98):
É compreensível que Exu inicie a semana, pois é o deus da 'abertura'; assim como está à porta do candomblé para vigiar a entrada, guarda também a entrada do templo. Como dissemos, Exu, como intermediário entre as divindades e os homens, reclama o primeiro sacrifício. Deve, portanto, forçosamente também se encontrar aqui em primeiro lugar... Em resumo, a segunda-feira é consagrada ao culto dos deuses da terra.
Terça-feira, à mais velha e afetuosa Nanã, a mais velha divindade das águas; a vovó ao mesmo tempo querida e venerada;... a quarta-feira é consagrada ao deus do raio, Xangô, e à sua mulher principal, Iansã, que preside a tempestade, a chuva torrencial... Quarta-feira é portanto o dia consagrado ao culto do fogo.
Sábado é o dia da água, em forma dupla; água salgada com Iemanjá, água doce com Oxum...

Byron Torres de Freitas nos fala das diferenças de dias da semana e o que é referendado por Roger Bastide, quando escreveu: "Os escravos que vieram para o Brasil estavam habituados à semana de quatro dias, devendo se adaptar à semana de sete dias..." (op.cit., p. 102).

Para o autor em questão, o culto se encontra nos quatro elementos da natureza: "a terra (segunda-feira); o fogo (quarta-feira), o ar (sexta-feira) e a água (sábado)..."

As obrigações dos filhos e filhas do candomblé se condicionam aos Orixás e seus respectivos dias.

16
OGÃS E ATABAQUES

OGÃS

Entre os componentes da hierarquia sacerdotal de um candomblé, citemos os Ogãs, Alabés, os kolofés.

Não há toque num candomblé sem os Ogãs, e isto dá bem a dimen¬são da importância do Ogã no candomblé. Ademais, é título honorífico concedido à pessoas que tenham servido ao candomblé, que lhe tenham prestado serviços relevantes.

Desde o primórdios dos cultos religiosos afro, o Ogã é de alta importância para os cultos e para as cerimônias rituais. Na primeira Constituição do Brasil, em 1825, o governo imperial proibiu a importação dos tambores da África, o que levou os Ogãs, àquela época apenas "músicos", a construírem seus próprios "tambores" de tronco de árvores; foi um tempo em que o tambor servia também de banco, sentando os "músicos" sobre o mesmo (leia-se *O Negro na literatura*, de Ramond Sayers).

Vamos transcrever a definição de Ogã que nos oferece a autora do *Dicionário dos cultos afro-brasileiros*, professora Olga G. Cacciatore:

> Ogã – Título honorífico dado a homens de boa situação financeira e prestígio social ou político... O novo levantado ogã submete-se a uma iniciação de alguns dias, com oferendas alimentares, banhos de amaci, sacrifícios de animais... Os Ogãs formam o conselho consultivo do terreiro e são muito respeitados por todos... Dentro desse título há diversos cargos... pegigã, axogun, alabê etc.

Ainda na mesma autora encontramos mais os seguintes: "Ogã Berê; Ogã Calofé; Ogã de atabaque; Ogã de altar (nada mais é que o pegigã); Ogã de terreiro; Ogã honorífico; Ogã Ilu" (op. cit., pp. 195-6).

Como escrevi linhas atrás, o progresso e outras determinantes vêm criando dificuldades aos cultos religiosos afro-brasileiros; é a vitória, pelo menos aparente e temporária, do materialismo sob a capa do progresso. Não é apenas um problema do Brasil, pois lemos em *Quadro atual das religiões africana e perspectivas de mudanças*, de Kabengele Munanga, do Centro de Estudos Africanos da USP: "Ou o negro abandona seus mitos, seus deuses voltados ao passado para adotar pensamento compatível com a racionalidade...", face ao progresso que vai chegando ao continente africano e ao que vem ocorrendo em nosso país, em especial nas grandes capitais, como Rio de Janeiro, São Paulo, Pelotas etc.

Aqui, aos poucos, vamos sentindo falta de Babalaô, Babalossaim, Ogãs e outros componentes de nossa liturgia, mui especialmente Ogãs suspensos, iniciados, tão necessários às cerimônias rituais, pois o Ogã deve, além de conhecer cantigas, saber executar os toques e orientar toda a liturgia, particularmente nos toques em louvor aos Orixás.

Deve o Ogã saber como cuidar os atabaques, dos quais falarei adiante.

"O Ogã calofé dá início ao ritual", escreve conhecido pai-de-santo, ao que acrescento: não apenas dá início, mas orientará todo toque do cerimonial.

O Ogã deve distinguir cantigas, toques e liturgia de cada uma das diferentes "nações", seja Angola, Nagô, Ketu etc.

Em qualquer candomblé digno deste nome, seus Ogãs são suspensos na casa, excetuando-se, é óbvio, os visitas.

Considerando a sacralidade dos atabaques, antes de introduzidos no barracão são batizados e recebem o Axé, sendo alimentados em toda sua vida no candomblé.

Os atabaques são seres "vivos", tendo cada um seu Axé; por isso, não podem ser tocados por qualquer pessoa, além dos Ogãs a eles destinados, ou seja, os Ogãs que não apenas tocam, mas cuidam dos seus atabaques. Por outro lado, no decorrer de um Axexê os atabaques permanecem em silêncio e devidamente cobertos (ficam de luto).

Algumas práticas que ainda hoje são conservadas em nossos candomblés, como as citadas acima acerca dos atabaques, nos vêm de muito longe, qualquer que seja a "nação" de origem.

Leia-se o que escreveu Renato Mendonça em seu livro *A influência africana no português*: "A abstinência do álcool e da carne começa dias antes, a fim de preparar os celebrantes (sacerdotes e crentes) para o jejum e as rezas..."

Quanto às práticas religiosas até 1888, quando da lei de 13 de maio, "celebravam os negros de várias 'nações' tais ritos, de preferência em recônditos afastados, duas vezes por ano". (Como se pôde ler, as cerimônias rituais se realizavam *duas vezes* por ano.)

A religião para o africano era e é assunto sério, e por isso nos cabe, à frente de um candomblé, preservar com carinho os ritos recebidos de nossos ancestrais.

ATABAQUES

Hoje o mais comum em um barracão de candomblé são os atabaques. Embora primitivamente existissem os "bate-cotos" ou tambores, os quais no Maranhão, por exemplo, definem a natureza do terreiro, e podem ser conhecidos ora como os Xangós, ora como "Tambor".

Há quem afirme que os Malê, islamitas, não usavam em seus rituais o atabaque.

Como já conceituamos, os atabaques são "tambores" utilizados nos rituais religiosos. Por terem tamanhos variados, assim se classificam: o maior denomina-se "Run; o médio, Rumpi, e o menor, Lê. O Run, considerado nobre, é por isso sempre tocado pelo calofé ou alabê.

Para cada Orixá há um tipo de toque, assim chamado: para Xangô, o alujá; para Oxosse, o aguerê; Obaluayê, opanijé; Oxalá, bravun; para Iemanjá ou Oxum, o aderê; à Senhora Iansã, o aguerê ou simplesmente egô.

Ao entrar no terreiro, devemos, cumprimentar os atabaques e saudar o Ogã; seguindo o ritual, apresentar saudação ao chefe do terreiro e ao principal assentamento ou o alicerce do Ilê.

17
CADA UM TEM SEU ORIXÁ

Cada um de nós tem não apenas o seu Exu, mas o seu Orixá, segundo o seu odu. A um nível cosmológico, os Orixás se identificam com os elementos da natureza, tais como água, ar, fogo, terra etc., enquanto que a nível social, identificam-se a atividades funcionais, tais como ofícios de mecânico, justiça, médico, militar, ou com a maternidade, como no caso de Iemanjá.

Até a alimentação de cada Orixá é específica, individualizada, pois o que se oferece a Xangô não se oferece a Oxosse; o que oferecemos a Iansã não oferecemos a Nanã, e assim por diante, visto que os Orixás têm suas quizilas, isto é, suas rejeições.

Quanto à natureza, a identidade cósmica seria: água, Nanã, Oxum, Iemanjá; ar, Orugan, Iansã; mata, Ossanyin; Oxosse, Odé (caça); pedra, Xangô; ferro, Ogum.

Cada um de nós herda o seu Orixá, ou seja, o seu Eledá ou anjo da guarda, que toma conta de cada um de nós, e por isso nos habituamos a chamá-lo de Pai ou de Mãe; assim, o meu Pai Ogum; a minha Mãe Iansã etc.

No que tange a sua característica psicológica, começando por Oxalá, seus filhos são, de um modo geral, de físico frágil, delicados, não podendo se submeter a trabalhos que exijam muito esforço físico; são criaturas voltadas para a vida espiritual, e portanto dão excelente babalaôs.

Os filhos ou filhas de Oxum caracterizam-se pela bondade, gestos delicados; amam perfumes e jóias; já os filhos de Yemanjá identificam-se pela postura elegante, espírito maternal. Como escreve certo autor: "As filhas de Yemanjá, aliás, são muito mais mães do que esposas. .. (p. 19, *Olòórisá*).

Nanã é uma yabá, cujo elemento é a água da chuva, segundo alguns; as suas nativas ou nativos são excelentes companheiros; como as mulheres em geral não são férteis, dedicam-se a criar os filhos de outros, como ocorreu com Obaluayê, filho de Yemanjá que foi criado por Nanã.

Os filhos ou filhas de Obaluayê são marcados por uma enfermidade ou acidente que lhe deixa a marca do *Santo* que carregam: agressivos, impertinentes, não são capazes de amar.

Já os nativos de Xangô são criaturas robustas, especialmente os homens; tipos de conquistador são fisicamente atraentes, tendo por isso excelentes condições de liderança. Como babalorixás ou iyalorixás darão bons babalaôs, sujeitos a ser vítimas de sua beleza física. Temem a morte, e por isso se recusam a envelhecer. Inteligentes, amam a cultura e as mulheres...

Os filhos ou filhas de Ossanyin ou Ossanhe ou, ainda, Ossãe, são criaturas aparentemente frágeis, sujeitas a enfermidades, mais voltadas para a vida mística. Criaturas bondosas e meditativas, voltadas para a natureza, amam as plantas; são geralmente, universalistas, por isso se tornam pessoas destituídas de ambição, enquanto os filhos de Ogum são, os homens, criaturas atléticas, dinâmicas, com grande potencial de liderança. Alegres e comunicativas, cometem erros em razão de sua impulsividade, e por isso mesmo se tornam antipáticas. Em verdade esta antipatia é passageira, pois superados os momentos de agressividade, voltando ao seu estado normal, são capazes de aceitar discutir até mesmo as idéias que em princípio lhe sejam contraditórias. Empreendedores, chegam a ser, algumas vezes, aventureiros, mas sempre práticos. Os filhos de Oxosse amam a vida calma, junto à natureza. Bons esposos são porém pouco cuidadosos com sua aparência, daí serem rejeitados, em especial, por mulheres que gostam de homens bonitos e atraentes. Já as mulheres nativas de Oxosse são excelentes donas-de-casa, ainda que com a mesma característica do homem, isto é, não se preocupam muito com sua beleza física.

As mulheres nativas de Iansã são atraentes, sensuais, excelentes companheiras, e por isso mesmo provocam ciúmes de seus companheiros. Gostam não apenas de conquistar os homens, mas de dominá-los.

Tais características individuais do Orixá se evidenciam no decorrer das cerimônias do ritual, não só no processo de invocação, cujas cantigas seguem uma seqüência litúrgica ordenada, a começar pelo Padê do Exu, seguido do de Ogum, seu irmão, até a chegada do Orixá patrono do candomblé. Até mesmo as filhas e filhos se colocam no terreiro em ordem durante a "roda", pois o Orixá Oxum não deve se colocar a frente de Iansã; também se Oxum estiver no xirê não pode "baixar" Obá, e se isto ocorre elas brigam, em virtude da quizila existente entre ambas, pois são as mulheres de Xangô, cujo amor sempre disputaram.

A abertura dos trabalhos está sujeita a regras fixas, pois o Padê de Exu deve ser a liturgia inicial dos trabalhos.

No terreiro, durante o xirê, cada Orixá tem sua ordem de chegada e de colocação na "roda", assim como as cantigas e danças seguem a uma ordem predeterminada e são individualizadas, pois a dança de Xangô em nada se parece com a dança de Obaluayê, e a de Iansã em nada se identifica com a dança de Oxum.

Também os movimentos dos Orixás são personalizados ou, como queiram, individualizados, o que evidencia sua natureza: Oxalá dança apoiado em seu pachorô ou cajado; Obaluayê, com seu xaxará; Iansã, como que afastando os Eguns, com seu eiru; os de Oxum é como se estivessem em uma cachoeira colhendo seixos, num brusco movimento das águas; e assim por diante.

Vale lembrar, como já afirmamos algumas vezes, que os Orixás são transparências do cosmos e seus elementos: o fogo, Xangô, Iansã; a água, Nanã, Oxum, Yemanjá etc.[1]

18
ILÊ TI YANSÃ

Voltemos a Roger Bastide, onde se lê uma distinção perfeita entre o Ilê Sain (Igbalê), ou melhor, o Dê Egun, e o Ilê Ti Yansã. Como escreve o autor mencionado (op. cit., pp. 73),

A casa dos mortos [Ilê Egun] está o mais afastado possível da dos Orixás; efetivamente, como vimos, estes últimos temem a morte, com exceção de Iansã..., a Senhora dos Eguns.

"A Ilê Saim compreende dois aposentos: uma sala, onde estão pendurados os retratos dos antigos membros mortos, e um outro quarto, que constitui um verdadeiro santuário e onde se encontram, enterrados em potes, os Eguns ali "sentados" sete anos depois de morto...

E conclui com esta afirmativa: "Um dos caracteres destas Ilê Saim é a ausência de qualquer abertura, à parte a porta de entrada, tanto se teme que os mortos venham perturbar os vivos..."

Já "A Ilê Orixá é muito mais vasta, pois se estende sobre quase a totalidade do terreno, e se decompõe num certo número de habitações ou aposentos, tendo, cada um, função bem diferenciada." (op. cit., p. 73). E prossegue: "A Dê Orixá é antes de mais nada um templo, e como tal guarda todos os objetos em que as divindades se fixaram: pedras, pedaços de ferro, tambores etc., mas é um convento onde são iniciados... são formadas as iaôs e onde as mesmas, após iniciadas, recebem seu Orixá."

É natural que todo o pessoal que serve no candomblé, além do Babalorixá ou Ialorixá, todos os que trabalham nos rituais, como Ekedis, Ibassê, Ogas, vivem aí. O candomblé é seu lar.

A parte central do barracão se divide em aliachê (roncô), onde se recolheu a Iaô e se guardam peças sagradas; o local em que ficam os atabaques; a parte destinada às cerimônias do ritual em que está o Ixe e a parte destinada ao público, já que outras dependências do candomblé são vedadas ao público, pois só os iniciados podem circular livremente.

Em torno do Ilê Orixá são construídos, como já vimos, os Dê Egun, bem como os Ilê dos Orixás de tempo, tais como Ossanyin, Oxosse,

Ogum, Xangô etc., nos quais estão as ferramentas e tudo mais que pertença ao Orixá.

O Dê Orixá é o universo do candomblé no qual vivem filhos e filhas iniciados, cada um em uma determinada função. É uma grande família, cujo chefe é o Babalorixá ou Ialorixá.

Na África, onde muitos terreiros ainda tocam ao ar livre (leia-se Zora Seljan), o barracão é construído em forma circular, coberto de palha, fazendo lembrar o cosmos, cuja abóboda é ligada ao solo (terra) por uma haste, em cuja base se firma o Ixé.

Entretanto, no Brasil, como escreve Marcus Cláudio Aquaviva em *Vodu* (p. 45): "O barracão do candomblé é retangular e nele se vêem enfeites de papel colorido ou de palha, formando pontos riscados. Há um trono sacerdotal e um lugar reservado para os atabaques..."

E continua o autor em questão: "Em torno do barracão, os Ilês ou casas consagradas aos Orixás (Ilê Orixá ou casa das imagens). Essas casinholas são denominadas assentos dos Santos... Nos candomblés de caboclo, os espíritos também não residem no interior do santuário, pois gostam de ar livre, devendo ser venerados em pontos prefixados, sempre assinalados por uma árvore."

Segue o autor nos falando de outras dependências ligadas ao templo central, como "roncó, recinto onde estão os Otás (pedras sagradas) dos Orixás... "; o pegi é um lugar reservado para os assentamentos, e é aí que está o eró, o segredo; a camarinha é o recinto onde se preparam as Iaôs.

Quando a Iaô é tomada pelo Orixá, diz-se que virou no santo.

No Ilê Orixá é complexa a família que vive sob a direção patriarcal do Babalorixá ou matriarcal da Iyalorixá; Ekedi, Ogãs, Ibassê, Axogun, Pegigã, Alabês, Colofés, a cada um é atribuída uma função e obrigação nas cerimônias do ritual do candomblé.

Concluamos este capítulo com a afirmativa de Claude Lépine em *Olòórisa*, p. 29: "O candomblé oferece um conjunto de tipos tradicionais da personalidade... Através do ritual do assentamento, o novo adepto estabelece uma relação íntima com o seu Orixá pessoal..."

19
CERIMÔNIAS RITUAIS DO CANDOMBLÉ

Os candomblés são, sem dúvida, dos segmentos dos cultos religiosos afro-brasileiros os mais ricos em sua ritualística sagrada a partir da iniciação de seus filhos e filhas.

Quando a Iaô é recebida, ainda na condição de Abiã, por suas futuras irmãs Ekedis, Iyabaces e outras Iaôs, ocorre então a cerimônia ritual da troca de roupa profana pelas roupas claras da futura vida de recolhimento ao candomblé.

Após o banho comum e a troca da roupa, quando recebe as roupas com que irá permanecer no recolhimento, a Iaô é também recebida com ervas-de-cheiro preparadas por suas futuras irmãs do barracão. É a cerimônia do atin, quando ervas lhe perfumam as roupas, o corpo e também a camarinha onde ficará recolhida durante todo o tempo de iniciação, já devidamente raspada.

No decorrer do período de recolhimento a Iaô aprende as cantigas, as danças e tudo o mais que a fará participar da vida religiosa do barracão; nesse período dorme em uma esteira virgem forrada apenas com um lençol branco também virgem, como virgem é todo o material de uso pessoal: toalhas, talheres, caneca etc. Ela não pode beber ou comer servindo-se de vasilhas já usadas por outras pessoas.

O regime de uma Iaô, quando recolhida, é duro e difícil, pois tem de acordar cedo e a partir daí, durante todo o dia, é o trabalho do barracão.

A Iaô deve trazer ao tornozelo o xaorô, em sinal de humildade, que a identifica como Iaô. Por isso tem de curvar-se quando fala a qualquer irmão em cargo do candomblé: Pegigã, Ogã, Iabassé etc. Só poderá assumir a posição correta, normal, quando estiver ajudando as suas irmãs.

Após seu longo período de iniciação, só então terá aprendido as cantigas, danças e alguma coisa sobre a vida dos Orixás, em especial do seu Orixá, aquele a quem será devotada pelo Ifá e o Babalorixá ou Iyalorixá, seu pai ou sua mãe.

Finalmente chega o dia do Orunkó, isto é, quando o seu Orixá, após as danças rituais, em voz alta, proclama sua dijina. É um dia de festas e de muita alegria para todos: o Babalorixá ou a Iyalorixá, conforme o caso; todo o pessoal do barracão; a família privada da Iaô. Para os que trabalharam, acompanharam a Iaô em sua iniciação, é a coroação de seus esforços, dias e noites acompanhando e ensinando a Iaô.

ORUNKÓ

Diz-se Orunkó, como escrevi, o dia em que o Orixá da Iaô, em voz alta, para que todos ouçam, diz sua dijina. É um momento de exaltação no candomblé, o que acontece após as danças rituais em louvor aos Orixás.

A dijina do Orixá legado à Iaô é sua individualização, sua identidade com o filho ou filha, isto porque a partir daí aquele Orixá passa, por sua dijina, a se identificar com seu filho ou filha.

O Orixá não fala, a não ser no dia do Orunkó, ou o dia do nome, quando, como escrevi, anuncia sua dijina.

Após as cerimônias rituais do dia do Orunkó, a Iaô é novamente recolhida à camarinha, saindo algum tempo depois para a festa da *quitanda*, ocaisão em que a Iaô, num grande balaio, expõe à venda tudo o que ganhou: frutas, perfumes etc. É outro dia de festas, cheio de alegria. Nesse dia, a Iaô é tomada pelo seu Erê (espírito infantil), que se diverte com o público presente à festa da quitanda.

Para Pierre Verger "... uma primeira cerimônia de iniciação... consiste no bori ou oferendas à cabeça (ori) e lavagem de contas ou purificação do colar de contas nas cores do Orisa, e sua consagração a este último..."

Vale lembrar uma observação de Claude Lépine: "O Orisà exige o cumprimento das obrigações rituais, dando em troca saúde, prosperidade, êxito..."

A partir daí a Iaô se integra ao corpo hierárquico do barracão, já podendo voltar à sua vida civil. Está obrigada, porém, a comparecer ao terreiro nos dias marcados pelo Babalorixá ou Iyalorixá.

Deve dedicar-se a cuidar de seu Orixá, seguindo a orientação que lhe foi transmitida no decorrer da iniciação, com oferendas e demais agrados ao seu Orixá, a fim de que ele cuide de sua vida, protegendo-a, criando condições para alcançar o que deseja.

Outras obrigações serão realizadas pela Iaô, a de um, de três e de sete anos, sendo esta a mais importante, visto marcar sua promoção, diremos assim, à condição de Ebami.

Como escreve Giselle Cossard-Binon em *A filha-de-santo* (p. 144) Poderá então encartar a saia, usar sobre a blusa uma segunda blusa flutuante e transparente, geralmente de tule ou de renda (bata), amarrar o ojá na cintura e não à altura do peito e manter a cabeça coberta com um turbante, quando dança no barracão. Não usará mais numerosos colares de várias voltas, nas apenas um ou dois colares de uma só volta, tal qual o runjebe, feito de coral e de contas marrons, consagrado à Yansã.

. . .

Após esta cerimônia, a iniciada tem o direito de conhecer o nome do Orisà, que foi anunciado ao público no dia de dar o Nome, por ocasião das cerimônias de iniciação.

Após a cerimônia ritual da iniciação, a criatura fica sob a proteção de *seu* Orixá; tem ainda um Erê, espírito infantil, e mensageiro, o Exu, a quem cumpre satisfazer os desejos e pedidos do filho determinado pelo Orixá.

"A iniciação e as diversas obrigaçCes que retornam a intervalos precisos, permitem à força sagrada, ao Ase, se transmitir à filha de santo" (op. cit. p. 146).

Sacudimento é mais uma das cerimônias rituais realizadas no camdomblé, tendo como objetivo a limpeza psíquica de determinada pessoa após a passagem pelo jogo de búzios, da consulta a Ifá.

Todo candomblé tem sempre pronto numa grande vasilha de barro o Abô, bem como à entrada do mesmo uma talha com água.

20
AXEXÊ

Não escrevo um livro para servir de regra a este ou aquele candomblé; apenas exponho idéias, sobre as quais o leitor, filho ou não, conceitue a grandeza desta religião, sagrada herança de nossos ancestrais. Todas as cerimônias rituais são importantes, como já tive ocasião de escrever. Entretanto, o Axexê cresce de importância por sua singularidade, pois tem por fim libertar o Egun da matéria inerte, e isto pesa no entendimento dos filhos ou filhas, naqueles que irão realizá-lo.

Há quem afirme que o Axexê só tem início após o enterro, como se pode evidenciar a partir desta afirmativa: "O axexê é uma cerimônia fúnebre que no candomblé tem início antes que se complete os sete dias após o enterro, ocasião em que é *varrido* [o grifo é meu] os passos do Egun, a fim de que não perturbe os filhos do terreiro."

A cerimônia do Axexê se realiza no centro do terreiro, em torno do Ixê – o mastro central que liga a abóbada do Ilê ao centro do terreiro, o chão, e onde sempre é colocado o Ixê.

No decorrer do Axexê os atabaques permanecem em silêncio, pois estão de "luto", estando os Ogãs com os seus contra-Eguns. O ritual se realiza durante toda a noite até o raiar do dia, encerrando-se antes de o sol sair. A cerimônia pode levar sete, quatorze ou até mesmo vinte e um dias, sendo que na última noite da cerimônia é feito o despacho de vume ou vumbe, o Egun do morto para quem se está realizando o Axexê. É comum ouvirmos a expressão "tirar mão de vume", termo usado quando o pai ou mãe-de-santo de um filho ou filha "kufa", isto é, morre com menos de vinte e um anos; aí porém não se trata propriamente de despachar o Egun, mas de retirar os Axé do referido pai ou mãe-de-santo dos assentamentos do filho ou filha em questão.

Por falar em *vume*, convém corrigir o que escreveu certo autor: "vume – espírito atrasado espiritualmente, espírito sem luz" Não se trata exatamente disso.

Roger Bastide, que tenho citado inúmeras vezes, a respeito do Axexê escreveu: "O ori ou espírito permanece, e é preciso proceder em seguida à sua expulsão..." (op. cit., p. 60). Neste trecho nos apercebemos de dois erros do autor, visto que Ori é cabeça, a menos que tenha querido dizer "o espírito senhor do ori". Outro engano do autor ou colocação indevida: expulsão. Não, o Egun não é expulso, mas sim desligado da "matéria inerte", isto é, desligado do *cordão que o prende à matéria inerte* [o grifo é meu].

Outro discurso que me cumpre esclarecer é o que afirma ter o Axexê início antes que se completem os sete dias após o enterro; em verdade, caso o morto pertença ao terreiro e seu corpo aí permaneça, o Axexê tem início logo após o falecimento.

Em se tratando de falecimento por acidente, recorre-se ao jogo de búzios, a fim de que Ifá indique os meios para se montar o Igbale, que obedece à função ou cargo exercido pelo falecido dentro do terreiro, bem assim ao santo (Orixá) a que pertenceu.

Evidentemente em nossa casa, nação de Kêtu, temos a nossa orientação litúrgica, porém venho citando as várias opiniões em torno do assunto, a fim de que o leitor, iniciado ou não, formalize sua posição e avalie a importância de pertencer a um candomblé e seguir a um pai ou mãe-de-santo, ao invés de viver como ave de arribação correndo terreiros; deve fixar-se num candomblé e orientar-se por seu zelador ou zeladora.

Comprovando o que já escrevi de que o Axexê tem início com o falecimento de uma autoridade do terreiro ou mesmo um filho exercendo cargo importante e com "Santo" assentado.

O procedimento com o Igba varia segundo a natureza do Orixá; se macho, Aboro, se feminino, Ayabá. Logo após o falecimento, a água do Igba é despachada no Ilê Egun, e caso o terreiro não o tenha, despacha na rua, retirando em seguida o Orixá do Peji, cobrindo-o com ojá todo branco, transportando-o a seguir para o Ilê Egun; caso não o tenha, será transportado para um lugar do terreiro onde venha a se preparar o Igbalé.

Para a cerimônia do Axexê do morto, entre outras coisas se usa Ojá branco, navalha, atin de Oxalá, folhas de Egun, pombo branco, um obi ou orobô, de conformidade com o Orixá do falecido, deburu, algodão, abô, acaçás brancos.

A saída do féretro obedece ao ritual do Axexê, sendo o caixão conduzido pelos Ogãs da casa, portando seu contra-Egun, e babalorixás. A mesma ceriônia realizada ao sair o caixão, repete-se ao chegar ao Igba grande, cemitério, repetindo-se até a sepultura.

É desnecessário entrarmos em detalhes, já que o Axexê será sempre orientado por um Babalorixá e este sabe como proceder, visto fazer parte de sua iniciação.

O procedimento ritual do Axexê varia segundo o cargo de quem ou para quem se faz o Axexê, pois difere o do Babalorixá, da Iyalorixá, dos Ogãs, Ekedes, Iyabacês etc.

Em se tratando de Orixá, Aborô ou Iyabá, de Babalorixá ou Iyalorixá com casa aberta, não serão despachados; realiza-se a consulta à Ifá, a fim de saber quem herdará o Orixá e assumirá a direção do abacê.

Ao Orixá Xangô não se aplica o que acabamos de escrever, visto que ele nunca será despachado, não integrará o carrego, devendo-se proceder à consulta de Ifá a fim de se conhecer quem herdará o Orixá, mesmo que pertença a outra casa de candomblé.

Concluamos lembrando que em candomblé o luto é o branco, não sendo admitido a presença de ninguém com roupas de cor escura, e que Xangô não é invocado no decorrer de um Axexê.

No decorrer do Axexê, que, como escrevi, pode levar sete, quatorze ou vinte e um dias, cuja cerimônia ritual se realiza à noite, nenhum dos assistentes pode se retirar, salvo se acompanhado por um Babalorixá ou Iyalorixá de Yansã.

BIBLIOGRAFIA

ADJA
. *Jornal*
AQUAVIVA, Marcus Cláudio
Vodu
As Religiões Africanas (vols. 1 e 2)
BASTIDE, Roger
Candomblé da Bahia
CACCIATORE, Olga Gudolle
Dicionário de cultos afro-brasileiros
CARISE, Iracy
A arte negra na cultura brasileira
COSSARD-BINON, Giselle
A filha-de-santo
FARELLI, Maria Helena
Plantas que curam e cortam feitiços
Os rituais secretos da magia negra e do candomblé
MENDONÇA, Renato
A influência africana no português
MONTEIRO, Antonio
Negros Malê na Bahia
MUNANGA Kabengele
Quadro atual das religiões africanas e perspectivas de mudanças, Centro de Estudos Africanos da USP
OMOLUBÁ
Magia de Umbanda, Ed. Pallas, 1986. 2.ªed., RJ.
PORTUGAL, Fernandes
Yorubá, a Língua dos Orixás, Ed. Pallas. 1985. l?ed. RJ.
PORTUGAL, Fernandes
Curso de Cultura Religiosa Afro-Brasileira, Ed. Freitas Bastos, 1988, l.ªed., RJ.
PORTUGAL, Fernandes
Magia Yorubá - Vol. 1 e 2. Ed. Yorubana, 1986. l.ªed., RJ.

RIBEIRO, José
O fogo de búzios
SANTOS, Josenilo A. dos
O candomblé e seus mistérios
SANTOS, Juana Elbein dos
Os Nagô e a morte
SILVA, Ornato José da
Ervas e raízes africanas Universidade de São Paulo, Ed. África
VARANDA, João Alberto
Os Egun do candomblé
VARELLA, João S. das Chagas
Os Orixás e obrigações
Vários Autores
Olòórisá (antologia)

GLOSSÁRIO

ABARÁ	Ajeum paia Iansã, é preparado com feijão fradinho
ABIA	Candidata à iniciação no candomblé
ABO	Preparado com ervas sagradas devidamente maceradas em água e colocado em quartinha ou talha de barro
ABORÔ	Orixá masculino
ADOXU	Preparado de iniciação com pó de pemba e ervas sagradas do Orixá do filho e/ou filha
AIRÁ	Um dos nomes de Xangô
AYABA	Orixá feminino
ALIACHÊ	Dependência sagrada onde estão os Axés do candomblé
ALABÊ	Tocador chefe dos Ogãs. A ele é que cabe tocar o atabaque maior, ou seja, o Rum
ALAKETO	Rei de Kêtu. Querem alguns que seja um dos nomes de Exu
ALKESSAN	Dijina de Exu
AJEUM	Alimento, comida ou ato de comer
AYÉ	Mundo físico, domínio de um Oba (Orixá)
AJELU	Dijina de Exu
ALUVAIÁ	Exu em Angola
AGUIDAVI ou OGADAVI	Vareta usada nos toques do candomblé de Kêtu
ALÁ	Toalha branca com que se proteje o Orixá ou mesmo a iaô ao ar livre, quando descoberta
ALABA	Sacerdote do culto de Egun
ATABAQUE	Tambor em forma de funil de três tamanhos, cada um dos quais denominados Rum, Rumpi e Lê
AXÉ	Força revitalizadora contida nos objetos sagrados
AXEXE	Cerimônia ritual fúnebre realizada ou no decorrer do velório ou sete dias após a saída do enterro
AXOGUN	Membro da hierarquia do candomblé. Responsável pelo sacrifício dos "bichos" para o cerimonial
BABALAÔ	O mesmo que Eluwo. Sacerdote de Ifá. Adivinho.
BABALORIXÁ	Zelador do Orixá, sacerdote do ritual. Chefe do candomblé

BABAÇUE	Culto afro-indígena do Estado do Amazonas
BANTO	Povo africano situado em Angola. Assim também se denomina o dialeto do povo dessa região e do Congo
BORI ou OBORI	Cerimônia ritual do candomblé, também conhecida como dar de comer à cabeça. Fortalece o Ori
BABAOJÊ ou BABAOGÉ	Sacerdote de Egun
BOMBOGIRO	Denominação de Exu em Angola
BALÉ	Assentamento do Egun. Querem alguns que seja a casa do Egun
CABULA	Culto afro-brasileiío de que nos fala Cavalcanti Bandeira. Segundo alguns, ainda existe em S. Mateus, Espírito Santo
CALUNDU	Forma de dança nos ritos afros no antigo período colonial; alguns afirmam se tratar de práticas de magia
CALUNGA	Com vários significados: Calunga Grande, o mar, oceano; Calunga Pequena, o mesmo que cemitério; Calungas, o mesmo que falanges ou vibração de Iemanjá
CALOFÉ	Cargo ocupado por ogã dentro do conjunto do candomblé
CAMARINHA	Dependência reservada do candomblé na qual permanecem as iaôs em fase de iniciação
CANDOMBLÉ	Rito sagrado afro-brasileiro, ou o Ilê onde se realizam as cerimônias rituais
CANDOMBLÉ de CABOCLO	Candomblé em cujas cerimônias rituais participa o espírito de indígenas
DEBORU ou DUBURU	Flor de Obaluaê ou simplesmente pipoca feita com milho branco. É usada nas cerimônias rituais, em especial na de Obaluaê
DANDÁ	Capim cheiroso usado em banhos ou defumadores
DIJINA	Nome usado pela iaô após a sua iniciação, em especial no candomblé
EBÓ	Oferenda ou sacrifício animal para o Orixá; é colocado junto ao seu assentamento. Assim se denominam, também, as oferendas a Exu. Da mesma forma temos o Ebô para Oxalá, que é uma espécie de mingau sem sal. Com azeite doce ou mel é feito para Iemanjá
EBOMI	Afirmam alguns que é um tipo de oferenda a Oxum; outros a confundem com Ebami
EBAMI	Filha-de-santo com sete anos de iniciada
ELEDÁ	O mesmo que anjo da guarda
EKEDI ou EKEDE	Auxiliar do candomblé que cumpre atender os Orixás e seus filhos ou filhas quando incorporados, ou seja, viradas no Santo
ELEGBA ou ELEGBARA	O mesmo que Exu
EXU	Divindade do Panteon nagô que intermedeia as criaturas com o Criador
EIRU ou IRUKERÊ	Diz-se de um instrumento símbolo usado por Iansã com o qual ela espanta os Eguns

EGUN ou EGUNGUN	Espírito de morto, o mesmo que alma
EGUNGUN	Também assim se denomina osso
ERU	Espírito de caboclo mau e que baixa nos torés do Nordeste; também pode significar Pacote feito no último dia do Axexê
EMBARABÉ	Também dito por alguns EMBARABO: nome de Exu
EDILOGUN ou DELOGUN	Objeto sagrado usado na consulta a Ifá
EGBE	Sociedade secreta do culto à Egun
ELUWO	Sacerdote de Ifá; adivinho. O mesmo que Babalorixá
IJEXA	Rito nagô, mas relativo à nação de Ijexá. Rito, segundo alguns, semelhante ao Kêtu
IBASSE	Mulher com função na cozinha do candomblé, também conhecida como cozinheira do Santo
IFÁ	Orixá da adivinhação, a quem os Eluwô recorrem no jogo de búzios
IAÔ	Assim conhecida a iniciada, a partir de seu recolhimento à camarinha; também filha-de-santo
IXÃ	Bastão ou açoite feito de galho de atori pintado nas cores preto e branco; utilizado na cerimônia ritual para evocar Egun
IXEM	Poste central do terreiro e que liga a abóbada ao chão; o centro do terreiro
INHAME NOVO	Festa ritual realizada no candomblé, cerimônia ritual em louvor à Oxaguian. Início das colheitas
IYA MORÔ	Auxiliar da Iyalorixá
ILÊ ORIXÁ	Santuário sagrado. Templo. Casa do Orixá. Terreiro
ILÉ SAIM	Casa das almas, onde estão os assentamentos dos Egun
ITA ou OTA	Pedra sagrada dos Orixás, também conhecido como fetiche
IGBALE	Ver Balé
KARITÉ	Tipo de manteiga natural
LONAM	Dijina de Exu
LOGUNEDÉ	Orixá filho de Iualama, tipo de Oxosse e Oxum Pandá
MARAMBÁ ou MARABÕ	Nome de Exu
MA LÊ	Grupo de iorubanos islamitas; seguem o Alcorão
OBÁ	Designa um dos ministros de Xangô; também designa o Orixá feminino, uma das mulheres de Xangô
OCHE	Um tipo de Orixá, segundo a lenda; pode também significar alimento
OSSÉ	Dia da semana ou oferecimento semanal do ajeum aos Orixás. Limpeza das quartinhas
OSSANYIN ou OSSÃE	Orixá das folhas sagradas que participam da liturgia, sendo recolhidas pelo Babalossaim
OLODUMARÊ	Orixá não cultuado nos candomblés. Senhor dos destinos das criaturas
OLORUN	Senhor do Orun. Alguns afirmam que é o Orixá da Paz
OLOFI	Divindade suprema na teogonia afro-cubana

OXALUFÃ	Oxalá, o velho, que caminha apoiado em seu cajado. Pachorô
OXAGUIAN	Oxalá, o jovem
ODU	Termo usado no jogo de búzios
ODUM	Festa anual dos candomblés. Pode significar o início do ano ou ainda o destino
ORIXÁ	Divindade da teogonia nagô; segundo o dialeto, é conhecido também como Vodum ou Inkice
ORISA	Título de uma antologia em que participam vários escritores de renome
OLOKUN	Orixá do mar, o mesmo que Olo, senhor; Kunmar Segundo a lenda Orixá que leva água para o palácio de Xangô. É representado pelo arco-íris. Nos candomblés, é representado por uma serpente, DÃ
OXUMARÊ	
OGUM	Orixá de grande popularidade no Brasil, filho de Iemanjá com Oraniã
OGÃ	Título honorífico, dado à pessoas que servem ao candomblé ou à religião. Tocador de atabaque
OJÁ	Uma larga faixa de pano em cores do Orixá. Usado pelas filhas iniciadas do candomblé
OYO	Nome de uma cidade nigeriana que foi governada por Xangô
OLODE ou OOLODÉ	Qualidade de Exu; aquele que fica do lado de fora
ORUNKÓ	Dia do nome, quando o Orixá da recém iniciada dá o nome, a dijina. Dia de grandes festas.
PACHORÓ, PAXORÓ ou ainda OPAXORÓ	Cajado de metal usado por Oxalufã
PEGIGÃ ou PEJI-GÃ	Cargo importante no candomblé. Tipo de relações públicas
PANÃ	Cerimônia ritual que visa preparar a recém iniciada para voltar à vida profana
PADE	Cerimônia ritual realizada nos candomblés no início de qualquer toque, com a oferenda à Exu
PAJELANÇA	Rito afro-indígena brasileiro, em que se misturam ritos indígenas, espíritas, católicos e afro. Instrumento da liturgia, o maracá. Zona do toque: Amazonas e Piauí
QUITANDA	Cerimônia ritual realizada após a terceira saída da Iaô. É um dia de muita alegria, pois as iaôs, com seus Erês, vendem frutas e tudo que tenham ganho como presente durante seu recolhimento
RITUAL	Conjunto de cerimônias do candomblé. Seja no toque anual, na iniciação ou na obrigação de ano
RONCÓ	Camarinha. Dependência sagrada, em que as iaôs são submetidas às cerimônias de iniciação e do eró
RODA	Círculo formado por filhas e filhos no decorrer do xirê
SACUDIMENTO	Cerimônia ritual para limpeza psíquica
SAMGBETO	Cerimônia ritual realizada no candomblé anualmente em louvor a Egun ou para dar as boas vindas
TAMBOR de MINAS	Denominação do culto afro no Maranhão. Nação "jeje"

VUMBE	Cerimônia ritual do candomblé destinada a tirar os axés, resultante de obrigação feita por pai ou mãe-de-santo falecido
VUME	Espírito sem luz. Kiumba
VIRA	Qualidade de Exu
XAXARA	Instrumento sagrado e símbolo de Obaluaê, feito com palha e enfeitado com búzios
XAORÕ	Tipo de tornozeleira feita de palha e guizos, colocada na iaô durante seu recolhimento. Símbolo de humildade.

Este livro foi impresso em julho de 2015,
na Gráfica Impressul, em Jaraguá do Sul, para a Pallas Editora.
O papel de miolo é o offset 75g/m2 e o de capa é o cartão 250g/m2.